Gérer son Stress

Terry Looker
et Olga Gregson

LAROUSSE

21 rue du Montparnasse 75283 Paris Cedex 06

Coordination éditoriale
Thierry Olivaux

Traduction
Catherine Sobecki et Magali Guénette

Relecture-correction et mise en pages
Belle Page, Boulogne

Adaptation graphique
Cynthia Savage

Couverture
Véronique Laporte

Fabrication
Annie Botrel

Pour l'édition originale :

Titre original : *Managing Stress*
Première publication en anglais par Hodder Education
338 Euston Road, London, NW1 3BH.

ISBN : 978-2-03- 587965-3

Auteurs

Diplômé en médecine de l'université de Londres (Guy's Hospital Medical School) en 1972, le **professeur Terry Looker** rejoint, un an plus tard, le département des Sciences biologiques de l'université de Manchester (Manchester Metropolitan University) dont il est nommé chef du département en 1989. Il étudiera en 1985, aux États-Unis, la théorie, le diagnostic et le traitement du comportement de type A à l'institut Meyer Friedman de San Francisco. En 2005, il se retrouve à la tête de la faculté de Biologie, Chimie et Sciences de la santé avant de prendre sa retraite un an plus tard. En tant que professeur émérite de cette faculté, il donne désormais des conférences et fait de la recherche sur la physiologie cardio-vasculaire, le stress et la santé. Il est vice-président honoraire et membre de l'International Stress Management Association (Association internationale de la gestion du stress).

Le **docteur Olga Gregson** est diplômé de l'université du pays de Galles. Olga Gregson s'est spécialisée en psychologie expérimentale à l'université Victoria de Manchester (doctorat en 1981), puis a rejoint la Manchester Metropolitan University en tant que maître de conférences en physiologie et comportement à la faculté de Biologie, Chimie et Sciences de la santé. Son enseignement, ses travaux de recherche et ses publications portent sur le stress, la physiologie et la santé. Elle est membre de l'International Stress Management Association.

Les auteurs ont conçu une méthode, appelée *Stresswise*, qui apprend à surmonter le stress. Tous deux apparaissent régulièrement dans la presse, à la télévision et à la radio.

Remerciements

Nous tenons à exprimer notre gratitude et notre reconnaissance envers feu le Dr Meyer Friedman et toute l'équipe du Recurrent Coronary Prevention Project (projet de prévention chez des patients coronariens) de l'institut Meyer Friedman de San Francisco pour nous avoir donné l'opportunité de travailler dans le domaine de la gestion du stress.

Nous remercions également nos amis et nos connaissances aux États-Unis pour leurs encouragements et le temps qu'ils nous ont accordé pour parler de leur travail. Nous remercions tout particulièrement le Dr Larry Scherwitz et le Dr Ray Rosenman.

Un remerciement tout particulier à nos familles, pour leur amour et leur soutien.

Sommaire

AVERTISSEMENT

Avant de suivre les conseils donnés dans ce livre, le lecteur doit impérativement voir avec son médecin traitant si sa santé ne s'y oppose pas. Cette mise en garde s'adresse tout particulièrement aux personnes souffrant de troubles vasculaires. Les auteurs ne sauraient être tenus pour responsables des conséquences ou d'une interprétation erronée qui découleraient des informations et des conseils figurant dans cet ouvrage.

1 Introduction

Ce livre repose sur notre connaissance des mécanismes du stress et de sa gestion. Il vous apprendra à limiter les aspects néfastes et indésirables du mauvais stress, à éviter le stress pathogène et à tirer profit des aspects positifs et souhaitables du bon stress.

Notre objectif est de vous proposer un programme conçu pour apprendre à gérer efficacement le stress. Ce programme est le fruit de notre expérience de médecin et de psychologue, de conférenciers et de chercheurs spécialisés dans la prise en charge du stress en relation avec la santé et l'efficacité. Nous sommes également consultants pour des entreprises, des organismes professionnels et des particuliers de tous les horizons à qui nous proposons des formations adaptées.

Encore un livre sur le stress !

Lorsque nous avons proposé ce titre à notre éditeur, sa réaction immédiate a été : « Un autre livre sur le stress ! Qu'aurait-il de différent ? » La première partie de cette réaction montre bien que le stress est un terme parfaitement entré dans les mœurs, même si sa définition précise reste floue. Elle reflète également l'inquiétude grandissante des effets du stress sur la santé des individus et de la société dans son ensemble. En fait, le stress a été qualifié de « plaie du XXIe siècle », une description confirmée par sa couverture médiatique. Il ne se passe pas une semaine sans que la presse ne fasse un papier, plus ou moins intéressant, sur ce sujet. Il en va de même pour la presse spécialisée, notamment celle du monde de l'entreprise et de la santé publique.

L'importance de cet intérêt et sa couverture médiatique résultent du nombre sans cesse croissant d'études et d'articles de chercheurs sur le stress, la santé, le travail et l'efficacité. Cette recherche est, en fait, si répandue que plusieurs revues spécialisées sont apparues ces dernières décennies pour publier leurs découvertes. De même, un grand nombre de livres plus ou moins savants paraissent également sur le stress depuis vingt ans. Après une telle entrée en matière, qu'apporterait donc *Gérer son stress* de plus que les autres titres déjà existants ?

Nous avons décidé d'écrire ce livre parce que le stress est une expérience individuelle. Par conséquent, il n'y a que nous qui puissions gérer et maîtriser notre stress. La gestion du stress est une compétence qui s'apprend. Il existe bien des textes, excellents, sur le stress et sa prise en charge, mais il nous semblait qu'aucun n'apportait un programme éducationnel d'épanouissement personnel qui convienne à un individu désireux de savoir ce qu'est exactement le stress et comment y faire face.

Il existe en outre de nombreux livres destinés à un public spécifique : infirmières, hommes d'affaires et managers, mais quid de M. Tout-le-Monde ? Pourtant, nous sommes tous concernés, un jour ou l'autre. De même, bien des ouvrages s'attachent uniquement à un aspect particulier, par exemple le stress au travail, en ignorant les autres. Ils peuvent s'avérer utiles jusqu'à un certain stade, mais force est de reconnaître que le stress a envahi tous les pans de notre vie et devrait donc être abordé de manière globale. C'est pourquoi *Gérer son stress* met l'accent sur l'individu, le « Soi », et son interaction avec son environnement.

Il existe enfin des ouvrages spécialisés et pointus qui renferment de nombreuses citations et références, ce qui rend difficile la compréhension de ce qu'est le stress dans sa globalité et la mise en place de stratégies pour y faire face. En écrivant *Gérer son stress*, nous avons délibérément évité le recours à de trop nombreuses citations et références à des études scientifiques.

Avez-vous besoin de lire *Gérer son stress* ?

Certaines personnes semblent mieux armées que d'autres face au stress, face aux multiples aléas de la vie. Cela tient à l'éducation et à la personnalité de chacun. Néanmoins, nous pouvons tous en retirer quelque chose. Nous avons tous intérêt à mieux connaître le stress pour, ainsi, le gérer plus efficacement. Reconnaître que l'on est stressé ou chercher de l'aide n'est pas un signe de faiblesse. De même que n'importe qui peut suivre des cours de perfectionnement pour apprendre à mieux conduire, sans être pour autant un « chauffard », le désir d'apprendre à gérer le stress et à y faire face signifie tout simplement que l'on veut s'améliorer et devenir plus efficace dans tout ce que l'on entreprend.

Le stress est une partie intégrante du changement. Le changement, dans notre vie, est synonyme de diversité. La diversité est le sel de la vie. Tout changement entraîne inévitablement des défis à relever, de nouvelles sollicitations et des menaces potentielles. **Nous pouvons tous avoir une vie plus heureuse quelle que soit notre situation actuelle si nous apprenons comment gérer plus efficacement ces sollicitations, ces défis et ces menaces.** Pour y parvenir, il faut tout d'abord comprendre comment notre corps réagit au stress. Nous devons apprendre à reconnaître les sources potentielles de stress et comment le mauvais stress peut miner notre santé physique et mentale.

Si vous êtes stressé, vous n'êtes pas le seul. Vous êtes comme au moins les trois quarts des personnes qui consultent un médecin. Du reste, pour bien des membres du corps médical, un grand nombre de troubles et de maladies seraient, d'une manière ou d'une autre, liés au stress. Malheureusement, les médecins ont rarement le temps d'explorer avec leurs patients la piste du stress. C'est ainsi que trop de formes d'anxiété et de dépression sont traitées par des médicaments qui, s'ils ont leur utilité sur le court terme, ne résolvent en rien le problème réel sous-jacent. Se réfugier dans l'alcool, le tabac ou la drogue n'est pas non plus une solution. Trop souvent, les personnes n'ont pas conscience que si elles étaient bien conseillées, elles pourraient entreprendre un long chemin qui les mènerait sur la voie de la gestion du stress.

Les trois aspects du stress

LE BON STRESS

Excitation, stimulation, créativité, réussite, productivité accrue.

LE MAUVAIS STRESS

Ennui, frustration, surmenage, pression, inefficacité, maux de tête, troubles digestifs, fragilité face aux microbes, relations conflictuelles.

LE STRESS PATHOGÈNE

Ulcères de l'estomac, crise cardiaque, anxiété, dépression, crise de nerfs, suicide.

Ne pas se laisser envahir par le stress revient à optimiser ses ressources naturelles afin d'atténuer le mauvais stress et d'éviter le stress pathogène tout en tirant pleinement profit du bon stress.

L'histoire de Franck

Nous avons connu Franck alors qu'il envisageait de vendre sa société. Voici comment il se décrivait alors :

> « Je me donne à fond dans mon travail. Je n'ai aucune vie sociale. L'atmosphère est mauvaise avec mes employés. J'ai du mal à déléguer et je suis incapable de me détendre. Heureusement, j'ai une épouse qui m'aime et me soutient. »

Sa femme, Hélène, nous l'a décrit comme totalement désorganisé, faisant dix choses à la fois.

« Il est impatient, sort de ses gonds pour une broutille et n'est pas tolérant pour un sou. Quand il conduit, si quelqu'un fait quoi que ce soit qu'il réprouve, il le lui fait toujours savoir. Il est même capable d'interrompre la circulation en arrêtant sa voiture pour le lui dire. Il va toujours d'un point A à un point B par le chemin le plus court et rapide. »

Six mois plus tard, grâce à nos conseils pour lui apprendre à mieux gérer son stress, la vie de Franck avait changé du tout au tout.

« J'ai considérablement ralenti le rythme et je m'emporte moins facilement. Je conduis plus lentement et je prends le temps de m'occuper de moi, ce que je ne faisais jamais auparavant. Au travail, je délègue et je laisse des responsabilités à d'autres. Avant toute décision, je prends le temps de bien réfléchir. Je ne passe plus ma vie au téléphone et je rentre plus tôt le soir, ce qui me permet de bricoler. J'ai modifié les engagements personnels qui me stressaient énormément. »

Son épouse confirme la plupart de ses dires :

« Il n'est toujours pas très tolérant, mais il ne s'emporte plus à la moindre occasion. Au travail, il laisse désormais ses employés faire ce qui correspond à leurs qualifications, en particulier son chef d'équipe, sans trop s'en mêler. Il prend plaisir à être avec nous. En voiture, sa conduite est impeccable. Il ne fait plus d'excès de vitesse et ne s'en prend plus aux autres conducteurs. »

Un an plus tard, Franck a conservé son nouveau mode de vie. Comme il nous l'a dit lors d'une réunion de groupe :

« Depuis que je suis les cours, je suis devenu incroyablement plus détendu. J'ai l'impression d'être une personne différente. Il y a un an, je ne faisais que travailler. Je me croyais indispensable. Pour la première fois de ma vie, j'ai pris trois semaines de vacances. Quand mon chef d'équipe a perdu un contrat important, je n'ai pas explosé. On en a parlé calmement, de manière constructive. Depuis, il m'aide énormément. Franchement, ça m'est égal de perdre quelques contrats si cela me permet de me sentir aussi bien. Ça n'a pas de prix. J'ai arrêté de tout contrôler et laissé mon chef d'équipe prendre des responsabilités. Avant, j'en aurais été incapable. Je fais vraiment des efforts pour rentrer plus tôt et m'occupe de choses que je n'avais jamais faites auparavant, comme jardiner et préparer le dîner pour Hélène quand elle rentre du travail. Je conduis nettement mieux, plus lentement. Je suis plus attentif à tout, à la nature. Je n'aurais jamais pensé en arriver à ce point. »

Selon Franck, sa compréhension du stress l'a aidé à apprendre comment le gérer. Il a appris à le déceler en lui et à détecter tout ce qui le stressait jusqu'ici. Depuis, il sait rester zen en toute situation.

Gérer son stress vous aidera vous aussi à voir la vie en rose. Nous ne pouvons pas concevoir un programme sur mesure qui convienne à vos besoins spécifiques, mais nous pouvons vous donner les outils nécessaires, la connaissance et des conseils pratiques, pour que vous sachiez quoi faire et pourquoi.

Comment utiliser ce livre

Nous vous proposons tout d'abord un questionnaire destiné à évaluer votre degré de stress et votre comportement lorsque vous êtes stressé. Pour tirer le meilleur parti de cet ouvrage, répondez à ce questionnaire avant de lire la suite. Les questions visent à vous aider à réfléchir à ce qu'est le stress pour vous afin de vous préparer à la lecture de la première et de la deuxième partie. Votre évaluation des réponses au questionnaire vous permettra de mieux identifier ses manifestations et ses symptômes, et d'en connaître les causes.

La première partie est conçue pour vous apporter la compréhension du stress dans sa globalité. Nous en proposons une définition en utilisant un modèle que nous appelons « l'équilibre du stress ». Nous examinerons pourquoi le stress est devenu le mal du XXIe siècle. Nous vous expliquerons ensuite la physiologie de la réponse au stress pour que vous ayez conscience de toutes les modifications qui surviennent alors dans le corps. Nous décrivons ses manifestations, physiques et psychiques, et la manière dont le stress peut entraîner des problèmes de santé et un manque d'efficacité. Nous verrons enfin quelles sont les différentes sources de stress.

À nos yeux, bien comprendre ce qu'est le stress est essentiel pour parvenir à modifier son comportement et son mode de vie, ce qui atténue les effets indésirables du stress et augmente ses effets bénéfiques. Cette compréhension est indispensable pour acquérir la capacité d'y faire face, un sujet que nous développerons dans la dernière partie.

La deuxième partie décrit comment gérer efficacement le stress en agissant sur « l'équilibre du stress ». Cela implique de modifier les sollicitations et d'augmenter les capacités à faire face, comme apprendre à se détendre, éviter tout stress inutile, améliorer l'estime de soi et reconnaître l'importance de l'amour et du soutien.

Le chapitre 15 propose un « mode d'emploi » pour concevoir un plan de gestion personnelle du stress. Il repose sur les informations et les conseils donnés dans les première et deuxième parties. Grâce à ce plan de gestion du stress, vous pourrez évaluer les sollicitations dans votre vie, prendre la mesure du stress qui vous affecte et choisir des techniques appropriées afin d'apprendre, peu à peu, à le surmonter.

En appliquant ce plan de gestion personnelle du stress, vous puiserez dans vos ressources naturelles pour améliorer votre santé, vos relations et votre efficacité.

Ce livre est, en soi, un guide de développement personnel conçu pour aider tout le monde. Il se veut le plus exhaustif possible et, de ce fait, ne traite pas en détail certains aspects voire se limite à les mentionner. C'est pourquoi nous vous proposons à la fin, pour approfondir le sujet, une liste de lectures complémentaires et d'autres techniques antistress.

Pour mieux illustrer notre propos, nous avons utilisé des situations et des événements concrets. *Gérer son stress* étant destiné à un large public, il est possible que certains exemples ou illustrations heurtent la sensibilité de lecteurs pour des raisons de conviction religieuse, de race, d'origine sociale, de statut marital ou autre. Si cela était, nous nous en excusons par avance et espérons que les lecteurs n'y verront que des considérations à prendre dans leur contexte le plus large et les appliqueront de la manière la plus appropriée.

Gérer son stress vise à vous apprendre à diminuer le risque de troubles de la santé, à améliorer vos relations avec votre entourage, à accroître votre efficacité dans tout ce que vous entreprenez et à stimuler votre créativité.

« Gérer son stress » est, en définitive, une responsabilité qui incombe à chacun. Cela ne tient qu'à nous. Nous espérons que ce livre vous y aidera. Bonne chance !

Testez votre stress

Pour mieux connaître votre niveau de stress, répondez aux questions ci-dessous. Choisissez la réponse qui semble vous correspondre le mieux et notez sa lettre à côté du numéro de la question sur une feuille.

1 Votre partenaire ou un collègue a un comportement qui vous contrarie.
a Vous explosez.
b Vous refoulez votre colère.
c Vous vous sentez certes contrarié, mais pas en colère.
d Vous vous mettez à pleurer.
e Vous ne faites rien de tout cela.

2 Vous avez une montagne de travail ce matin.
a Vous travaillez encore plus dur pour tout boucler.
b Vous vous servez un verre pour oublier.
c Vous en faites le plus possible.
d Vous vous fixez des priorités pour n'accomplir que l'essentiel.
e Vous demandez de l'aide.

3 Vous surprenez un ami ou un collègue faisant des commentaires désobligeants à votre égard.
a Vous interrompez la conversation et faites savoir le fond de votre pensée.
b Vous poursuivez votre chemin sans y prêter plus attention.
c Vous poursuivez votre chemin en réfléchissant à une éventuelle revanche.
d Vous poursuivez votre chemin en ruminant.

4 Vous êtes pris dans un embouteillage.
a Vous klaxonnez.
b Vous tentez de contourner le bouchon par les petites routes.
c Vous allumez la radio, écoutez une cassette, un CD ou un MP3.
d Vous vous détendez en patientant.
e Vous patientez en sentant monter la colère.
f Vous en profitez pour travailler un peu.
g La question ne se pose pas, vous n'avez pas de voiture.

5 Lorsque vous faites du sport, jouez-vous pour gagner?
a Toujours.
b La plupart du temps.
c Parfois.
d Jamais. Vous jouez pour vous amuser.

6 Quand vous jouez avec des enfants, les laissez-vous gagner ?
a Jamais. Il faut qu'ils apprennent.
b Parfois.
c La plupart du temps.
d Toujours. Après tout, ce n'est qu'un jeu.

7 Vous travaillez sur un projet. La date butoir approche alors que le travail n'est pas encore finalisé comme vous le souhaitez.
a Vous travaillez jour et nuit jusqu'à ce que tout soit parfait.
b Vous commencez à paniquer ; vous ne serez pas dans les temps.
c Vous rendez le meilleur travail possible sans en perdre le sommeil.

8 Quelqu'un a rangé votre chambre/bureau/garage/atelier et n'a pas remis les choses à leur place.
a Vous marquez l'emplacement de chaque objet et demandez à la personne de les remettre exactement à la même place.
b Vous remettez tout à sa place une fois la personne repartie.
c Vous laissez les choses en l'état. Après tout, un peu de changement ne fait pas de mal.

9 Un ami vous demande votre avis sur la nouvelle décoration d'une pièce. Vous la trouvez horrible...
a ... mais n'en dites rien.
b ... mais prétendez que c'est fantastique.
c ... mais commentez les points positifs.
d ... et suggérez quelques améliorations.

10 Lorsque vous entreprenez quelque chose, vous...
a travaillez toujours à produire le meilleur résultat possible.
b faites de votre mieux sans vous inquiéter si ce n'est pas parfait.
c trouvez que tout ce que vous réalisez est parfait.

11 Vos proches se plaignent que votre travail vous empêche souvent d'être avec eux.
a Vous vous inquiétez mais ne voyez pas comment faire autrement.
b Vous travaillez dans le salon pour être avec votre famille.
c Vous acceptez encore plus de travail.
d Vous trouvez que votre famille ne s'est jamais plainte.
e Vous vous organisez pour être davantage avec vos proches.

12 Quelle serait votre soirée idéale ?
a Une grande fête avec boisson et buffet à volonté.
b Une soirée avec votre partenaire durant laquelle vous partagez vos passions.

c Une soirée en solitaire, loin de tout.
d Un dîner entre amis.
e Une soirée en famille à faire quelque chose que tout le monde aime.
f Une nuit à bosser.

13 Quel(s) cas de figure ci-dessous constatez-vous le plus souvent ?

a Je me ronge les ongles.
b Je suis constamment fatigué.
c Je me sens essoufflé sans avoir fait d'effort.
d Je tambourine sans cesse des doigts.
e Je transpire sans raison apparente.
f Je ne tiens pas en place.
g Je gesticule beaucoup.
h Je ne fais rien de tout cela.

14 De quoi souffrez-vous le plus fréquemment ?

a Maux de tête.
b Tensions musculaires.
c Constipation.
d Diarrhée.
e Perte d'appétit.
f Fringales, voire boulimie.
g Rien de tout cela.

15 Avez-vous été confronté à l'un des problèmes suivants au cours du mois précédent ?

a Crise de larmes ou envie de pleurer.
b Difficultés de concentration.
c Trous de mémoire fréquents en pleine conversation.
d Irascibilité déclenchée par des futilités.
e Difficultés à prendre une décision.
f Envie de crier.
g Impression de ne pouvoir parler à personne de vos soucis.
h Impression de courir d'une tâche à l'autre, sans même avoir fini la première.
i Rien de tout cela.

16 Avez-vous vécu l'une des situations suivantes au cours de l'année passée ?

a Maladie grave de vous-même ou d'un proche.
b Difficultés familiales.
c Problèmes financiers.
d Rien de tout cela.

17 Combien de cigarettes fumez-vous par jour?

a 0
b 1 à 10
c 11 à 20
d Plus de 20

18 Combien de verres d'alcool buvez-vous par jour?

a 0
b 1 à 2
c 3 à 5
d Plus de 5

19 Combien de tasses de café (ne comptez pas le décaféiné) buvez-vous par jour?

a 0
b 1 à 2
c 3 à 5
d Plus de 5

20 Quel âge avez-vous?

a 18 ans ou moins.
b 19 à 25 ans.
c 26 à 39 ans.
d 40 à 65 ans.
e Plus de 65 ans.

21 Vous avez un rendez-vous important à 9h30.

a Vous n'en fermez pas l'œil de la nuit.
b Vous dormez tranquillement et vous réveillez détendu, mais en pensant à votre rendez-vous.
c Vous passez une bonne nuit et vous réjouissez d'aller à ce rendez-vous.

22 Une personne qui vous est chère vient de décéder. Vous êtes bien entendu bouleversé et vous…

a vous sentez abattu car personne ne pourra combler ce vide.
b pleurez car la vie est trop injuste.
c acceptez ce décès et reprenez le cours de votre vie.

23 Vous êtes empêtré dans un problème.

a Vous réévaluez la situation et essayez de trouver une solution.
b Vous parlez du problème à votre partenaire ou à un ami proche pour trouver une solution.
c Vous niez le problème en espérant que le pire n'arrivera pas.
d Vous vous inquiétez sans rien faire pour trouver une solution.

24 Quand avez-vous souri pour la dernière fois ?

a Aujourd'hui.
b Hier.
c La semaine dernière.
d Vous ne savez plus.

25 Quand avez-vous fait un compliment à quelqu'un (partenaire, enfant, collègue, ami, vous-même) pour la dernière fois ?

a Aujourd'hui.
b Hier.
c La semaine dernière.
d Vous ne savez plus.

DÉCOMPTE DES POINTS

Sur votre feuille, notez vos points pour chaque réponse et additionnez-les.

1	a = 0	b = 0	c = 3	d = 0	e = 1				
2	a = 1	b = 0	c = 1	d = 3	e = 2				
3	a = 0	b = 3	c = 0	d = 1					
4	a = 0	b = 0	c = 2	d = 3	e = 0	f = 2	g = 1		
5	a = 0	b = 1	c = 2	d = 3					
6	a = 0	b = 1	c = 2	d = 3					
7	a = 0	b = 0	c = 3						
8	a = 0	b = 0	c = 3						
9	a = 0	b = 0	c = 3	d = 1					
10	a = 0	b = 3	c = 0						
11	a = 0	b = 0	c = 0	d = 0	e = 3				
12	a = 1	b = 3	c = 0	d = 1	e = 2	f = 0			
13	a = 0	b = 0	c = 0	d = 0	e = 0	f = 0	g = 0	h = 1	
14	a = 0	b = 0	c = 0	d = 0	e = 0	f = 0	g = 1		
15	a = 0	b = 0	c = 0	d = 0	e = 0	f = 0	g = 0	h = 0	i = 1
16	a = 0	b = 0	c = 0	d = 2					
17	a = 3	b = 1	c = 0	d = 0					
18	a = 3	b = 2	c = 1	d = 0					
19	a = 3	b = 2	c = 1	d = 0					
20	a = 0	b = 0	c = 1	d = 2	e = 3				
21	a = 0	b = 1	c = 3						
22	a = 0	b = 0	c = 3						
23	a = 2	b = 3	c = 0	d = 0					
24	a = 3	b = 2	c = 1	d = 0					
25	a = 3	b = 2	c = 1	d = 0					

ANALYSE DES RÉSULTATS

De 51 à 68 – Niveau de stress bas. Vous n'affichez que peu de signes de stress. Vous n'êtes pas un « *workaholic* », un « accro du boulot ». Votre comportement sera plutôt de type B et vous maîtrisez d'habitude très bien votre stress.

De 33 à 50 – Niveau de stress modéré. Vous êtes un peu stressé. Sans être un drogué du boulot, vous présentez une certaine dépendance addictive au travail et un léger profil de type A, mais gérez d'ordinaire plutôt bien votre stress.

De 16 à 32 – Niveau de stress élevé. Vous présentez probablement divers signes de stress et il y a fort à parier que vous êtes un « bourreau de travail ». Votre comportement est de type A modéré et vous avez du mal à bien gérer le stress.

De 0 à 15 : Niveau de stress très élevé. Vous souffrez d'addiction au travail et avez un comportement de type A extrêmement développé. Vos capacités à gérer le stress sont très faibles.

Ces résultats reposent sur les principaux thèmes abordés dans ce livre. Gardez bien en mémoire votre score ainsi que les facteurs ci-dessous afin de mieux tirer profit de ce guide :

- manifestations et symptômes du stress ;
- profil comportemental de type A* ;
- attitude face au travail ;
- attitude face à la vie ;
- mode de vie ;

---

* Pour plus d'explications sur les profils de types A et B, voir les chapitres 7 et 13.

Première partie

Prendre conscience du stress

1

Le stress, mal du XXIe siècle ?

Dans ce chapitre vous apprendrez :
- ce qu'est la notion de stress ;
- quels sont ses effets ;
- à quand remonte le stress.

Le stress concerne tout le monde. C'est un élément nécessaire et essentiel à notre vie, le résultat inévitable de notre interaction avec notre environnement. Nous en avons besoin pour nous adapter aux changements permanents de notre milieu, et maintenir un certain degré de vigilance afin de survivre.

Tout comme une voiture doit être entretenue et réglée pour être performante, et afin de prévenir autant que possible les pannes, de même notre corps peut apprendre à fonctionner de manière plus harmonieuse. Cet auto-entretien comporte, entre autres, un apprentissage de la gestion du stress pour en réduire les méfaits et en augmenter les bons côtés. Il est, pour ce faire, essentiel de prendre conscience de ce qu'est le stress. Ce chapitre a pour but de vous y aider.

Pour régler le moteur d'une voiture, il nous faut également saisir comment il fonctionne et repérer les signes d'un mauvais réglage ou d'une panne à venir. Apprendre à régler notre capacité à maîtriser le stress consiste de même à comprendre ce phénomène, à connaître ses conséquences sur le corps et à détecter quand il se manifeste.

Il faut ensuite acquérir des outils permettant d'effectuer les réglages nécessaires. Dans la deuxième partie de cet ouvrage, vous apprendrez à analyser, à équilibrer et à ajuster votre mode de vie et votre attitude face au monde qui vous entoure.

Face à une nouvelle menace ?

Le stress peut être considéré comme une réaction du corps aux contraintes et changements de notre environnement. Il remonte à la nuit des temps, car cette réponse avait à l'origine pour but de permettre à nos ancêtres d'affronter un danger de mort, par exemple la rencontre d'un tigre à dents de sabre. Elle préparait rapidement le corps à des actions physiques (se lever et se battre, ou se retourner et fuir) de toute évidence indispensables à la survie durant la préhistoire. Pour les premiers hommes vivant dans un monde difficile et inhospitalier, les menaces et les contraintes quotidiennes avaient en effet des conséquences essentiellement physiques. La vie était un combat de chaque instant : il fallait chasser pour se nourrir et se déplacer afin de trouver un abri ou du bois pour se chauffer. Ces activités étaient très prenantes et exigeaient beaucoup d'énergie.

Aujourd'hui, dans nos sociétés modernes « tout confort », la vie est nettement plus facile. Que de commodités à notre disposition ! Pas besoin de courir les bois pour chasser, il suffit de sauter dans sa voiture pour aller au prochain supermarché, se garer et choisir son dîner avant de payer pour rentrer le déguster à la maison. Nous pouvons même éviter ce déplacement en passant une commande sur Internet avec livraison à domicile. Pour la cuisson, il suffit d'appuyer sur un bouton de la gazinière ou du four à micro-ondes. Inutile de se fatiguer à ramasser du bois et à le fendre pour faire un feu. Nous nous asseyons à la table d'une maison douillette avec chauffage central, sans avoir à nous inquiéter d'un quelconque danger pendant le repas. Pas de tigres à dents de sabre ni de tribus ennemies à craindre. Quelle différence ! Vraiment ?

Examinons l'exemple ci-dessus. La réalité est probablement plus proche du récit qui va suivre. Nous allons faire les courses en voiture mais, sur le chemin, nous devons récupérer les enfants à l'école, aller chercher le chien chez le vétérinaire et accomplir toute une liste d'autres tâches. Or, au moment de partir, la voiture a du mal à démarrer, nous sommes pris dans les embouteillages, ou remarquons qu'une des roues est crevée. Arrivé au centre commercial, il faut encore chercher une place de parking et, une fois dans le magasin, nous sommes bousculé de tous côtés. À la caisse, nous faisons impatiemment la queue pour finalement nous apercevoir, au moment de payer, que nous avons laissé notre portefeuille à la maison.

Ces exemples illustrent le type de situations stressantes auxquelles nous devons faire face. Ils représentent non seulement une menace physique, mais également psychologique : un danger pour l'estime de soi (notre amour-propre au sens premier du terme), pour notre sécurité, pour notre place dans la société et nos relations avec la famille, les amis ou tout simplement notre entourage. Nous vivons actuellement dans un monde qui implique beaucoup plus de changements qu'auparavant, ainsi que des types de mutations différents. Ces bouleversements vont même en s'accroissant. La file d'attente à la caisse ou les embouteillages sont l'équivalent de ces monstres préhistoriques et lorsque nous devons les affronter, nous réagissons exactement comme si l'animal était là, par une réaction d'homme des cavernes. Nous préparons notre corps à une réponse physique immédiate alors qu'il n'y en a pas lieu. Nous ne pouvons pas accélérer les choses à la caisse ni dans l'embouteillage. Nous ne pouvons pas nous battre contre la file d'attente. Inutile non plus d'essayer de fuir l'un ou l'autre. Cela déclenche en nous une impatience, une irascibilité, une colère qui confine à l'explosion.

La complexité des sociétés occidentales nous amène à passer le plus clair de notre temps dans des interactions sociales déstabilisantes. Ces difficultés croissantes sont dues à l'urbanisation et aux modèles de sociétés que nous avons créés. Dans cette course omniprésente aux performances, la concurrence tient un rôle de plus en plus crucial, pour l'emploi et le déroulement de nos carrières, par exemple.

Nous sommes entraînés dans un tourbillon de sollicitations et contraintes – physiques, sociales ou psychologiques – et devons dans le même temps trouver un emploi, gagner notre pain quotidien ou faire face au chômage. Nous réagissons donc inévitablement au stress, que notre réponse soit justifiée ou non. Nous nous retrouverons ainsi dans un état d'alerte maximale sans avoir la possibilité d'extérioriser celui-ci par une action physique. Notre corps se prépare à la lutte dès que nous percevons notre supérieur comme un tigre à dents de sabre, rôdant autour de notre bureau. Même s'il menace notre confiance en nous, nos perspectives de carrière ou la sécurité de notre emploi, il nous est impossible de passer à l'action. La colère et l'agressivité que nous ressentons ne peuvent s'exprimer en un combat ou un contact physique. Au contraire, nous ruminons, et préférons boire un verre ou laisser exploser notre colère sur d'autres, le plus souvent sur ceux que nous aimons le plus.

Là réside, d'après de nombreux chercheurs et médecins, une grande partie du problème : **la réponse au stress sans action physique est potentiellement dangereuse pour la santé.**

Les menaces qui touchent la confiance en soi, la stabilité des relations et la sécurité de l'emploi sont le résultat d'une société en mouvement permanent. Ces changements sont parfois si rapides que notre corps ne parvient pas à suivre la cadence. Encore une fois, là réside la clé de nos problèmes. **Nous réagissons aujourd'hui aux défis de la société avec une réponse au stress acquise par nos ancêtres pour affronter des dangers physiques.** De nos jours, les problèmes qui nous usent à petit feu sont de nature différente : crainte de perdre son emploi, lutte pour arriver au sommet, parcours du combattant pour trouver un emploi, surmenage au travail, manque d'harmonie dans le couple et la famille, solitude, problèmes financiers, etc. Les défenses du corps sont en constant état d'alerte, certes à des degrés différents. Elles peuvent de ce fait perturber la santé, voire engendrer la mort. Il semble ironique que notre système de défense interne, développé au fil du temps pour nous protéger, puisse être aujourd'hui notre ennemi numéro un !

Ce n'est donc pas le stress lui-même qui est le mal du XXIe siècle. Le problème découle plus de l'intensité, du nombre, de la fréquence, de la structure et de la diversité des contraintes de nos sociétés. Ce sont elles qui activent dans notre corps cette réaction qui peut, à la longue, nuire à notre santé. Qu'est-ce donc alors vraiment que le stress ? C'est ce que nous verrons dans les prochains chapitres.

2

Qu'est-ce que le stress ?

Dans ce chapitre vous découvrirez :

- une définition du stress;
- les différents états de stress;
- la notion d'équilibre sur laquelle repose la gestion du stress.

Les différents types de stress : bon, mauvais, pathogène

Lorsqu'on demande aux gens de définir le stress, la plupart citent des situations déplaisantes, où l'on est « stressé », débordé, ou au contraire déprimé, frustré ou blasé, mais de toute façon incapable de gérer ou de contrôler les événements. Nous faisons ainsi référence à des situations d'échec, des difficultés familiales, un deuil, ou encore à une situation de surendettement. Ces descriptions correspondent en fait à un stress néfaste. Lorsqu'il persiste de manière incontrôlée, ce « mauvais stress » provoque une baisse d'efficacité et de productivité, mais aussi des problèmes de santé. Il peut être à l'origine de maux de tête ou d'estomac, de fréquentes rhinites, de douleurs cervicales ou dorsales, et aviver les tensions dans les relations humaines. Dans une entreprise ou toute autre structure que ce soit, il se traduit par de l'absentéisme, des baisses de production, une rentabilité moindre, des accidents, un manque de créativité et d'innovation. Il peut même devenir franchement destructeur. Nous parlerons alors de « stress pathogène ». Sous cette forme extrême, il peut parfois engendrer une incapacité physique, voire entraîner la mort, par crise cardiaque, cancer, anxiété chronique, état dépressif et dépression.

Certaines personnes décrivent au contraire le stress comme un phénomène agréable et bénéfique, une stimulation. Elles se sentent tout à fait aptes à affronter et à maîtriser quasiment n'importe quelle situation. Il s'agit là du « **bon stress** ». Se lancer des défis, entreprendre des activités intéressantes et stimulantes, faire preuve de créativité tout en étant productif, atteindre des objectifs, faire de ses désirs des réalités ou participer à une compétition sportive sont autant de plaisirs liés à ce stress bénéfique qui travaille dans ce cas pour nous et permet d'améliorer nos performances.

Le stress se vit donc différemment selon chacun. Ce qui est stressant pour l'un peut être motivant pour l'autre. Relever un défi sera, selon l'individu, angoissant ou euphorisant. Lors de votre baptême en parachute, vous serez peut-être paralysé de peur et incapable de franchir le pas (stress néfaste). Pour sa part, le parachutiste expérimenté se jettera sans crainte dans le vide et se réjouira de ses sensations (stress bénéfique). Sa réponse au stress se traduira par un état d'excitation accentué. Il sera plus alerte, plus attentif, prêt à résoudre tout problème qui surviendrait.

Dans cet exemple, l'exercice est le même pour vous et le parachutiste, mais il sera ressenti différemment. Il induira des niveaux de stress différents, car chacun estimera la nature de la situation en fonction de ses propres capacités à y faire face.

Une définition du stress

Le stress peut être défini comme l'état dans lequel nous nous sentons lorsqu'**il y a décalage entre la perception d'une sollicitation d'une part, et la perception de notre capacité à y faire face, d'autre part. Lorsqu'il y a équilibre entre la façon dont nous envisageons ces situations et la façon dont nous pensons pouvoir réagir nous ne percevons aucun signe de stress. S'il y a déséquilibre, en revanche, nous ressentirons du bon ou du mauvais stress, voire un stress pathogène.**

Ce jeu d'équilibre est illustré par la figure 1. Étudiez bien ce schéma, car il sert de base à l'ensemble de l'ouvrage et nous nous y référerons souvent.

L'équilibre du stress

L'un des plateaux de la balance porte ce que nous appellerons des « sollicitations » (S), c'est-à-dire des événements de la vie et des contraintes qui exigent de nous des efforts d'adaptation. Sur le plateau opposé se trouve ce que nous pensons être nos capacités à faire face (C) à ces demandes d'effort. Lorsque nous nous sentons capables de maîtriser les événements, S et C sont en équilibre stable. Cela ne veut pas forcément dire que la balance est parfaitement à l'horizontale. N'oublions pas que nous parlons d'un phénomène psychologique. Nous ne connaissons donc pas la quantité de C nécessaire pour contrebalancer S. Nous n'avons pas obligatoirement besoin d'avoir des « poids » égaux d'un côté et de l'autre pour être en équilibre. Imaginez plutôt une flèche ou une aiguille fluctuant de haut en bas autour d'un point idéal, à l'intérieur d'une plage que nous appellerons « zone normale d'équilibre ».

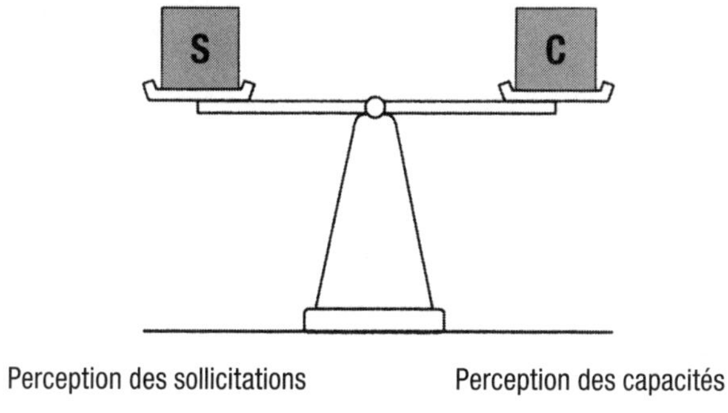

figure 1 le stress, un jeu d'équilibre

À l'intérieur de cette zone normale d'équilibre, différente selon chacun, le corps reste en bonne santé et fonctionne sans problème particulier. Nous ne dirions même pas que nous ressentons du stress. Elle peut donc être considérée comme notre zone de vie normale à l'intérieur de laquelle nous traitons des variantes de situations routinières dans notre propre environnement, en fonction de contraintes quotidiennes qui, d'après notre expérience, ne constituent pas de menaces majeures. Notre corps s'adapte en activant sa réponse au stress à un degré dont nous avons à peine conscience. Si nous ressentions consciemment chacun de ces changements à l'intérieur de notre corps, nous serions finalement moins efficaces pour affronter ces défis, ces nouveautés ou ces situations d'urgence. Néanmoins, même lorsque nous sommes à un niveau d'activité peu intense, notre réactivité reste en état de veille constante, en prévision d'une éventuelle action. Nous ne la ressentons pourtant pas comme du stress, au sens négatif du terme. Bien entendu, à certains moments, le poids de C ou de S varie – souvent en raison des petits soucis quotidiens inéluctables ou, au contraire, de notre sentiment de bien-être – et l'équilibre est rompu. Tant que ces fluctuations restent dans la zone normale, encore une fois, nous ne dirions jamais que nous sommes stressés ni même que nous ressentons du bon stress. Nous avons cependant l'impression à certains moments de cogiter un peu trop ou d'être trop stimulés. En cas de déséquilibre hors de la zone normale, le stress, bénéfique ou néfaste, est en revanche clairement perçu. Plus l'instabilité est grande, plus la perception des changements apparaîtra marquée sur les deux plans :

1) nature des sollicitations;
2) capacités à faire face.

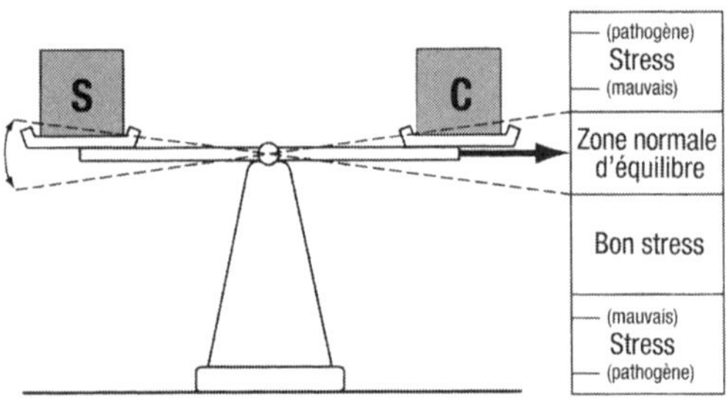

Fluctuations de la perception des sollicitations et des capacités à faire face, avec maintien de l'équilibre dans la zone normale

figure 2 zone normale d'équilibre du stress

Stress néfaste

Face à une augmentation du nombre de sollicitations ou lorsque nous percevons celles-ci comme des difficultés ou des menaces, nous évaluons en premier lieu nos capacités de réaction. S'il nous paraît impossible de faire face, la balance peut basculer dans la zone de stress néfaste, comme sur la figure 3. C'est le cas notamment dans les situations suivantes : trop à faire en trop peu de temps; tâches complexes à réaliser sans formation adéquate; promotion à un poste non adapté au caractère; trop de dettes pour un revenu réduit; probabilité d'une perte d'emploi; problèmes familiaux s'ajoutant à des changements au travail... La liste pourrait s'allonger à l'infini. Être conscient de ces facteurs vous aidera à identifier les situations qui vous projettent en zone de mauvais stress, voire de stress pathogène.

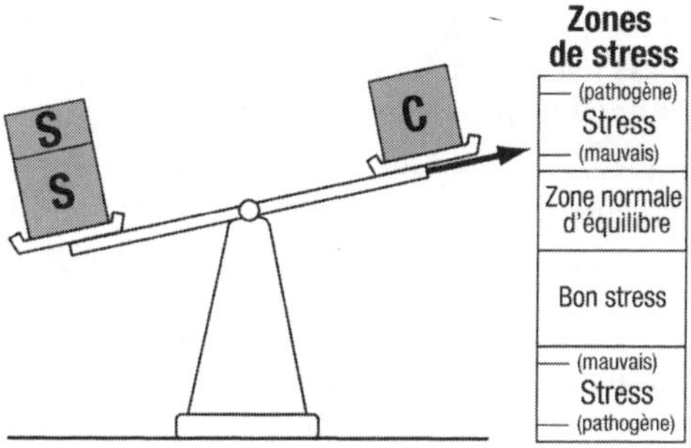

Les capacités à faire face subjectivement perçues sont trop faibles par rapport aux sollicitations perçues. Il s'ensuit un stress néfaste.

figure 3 zone de stress néfaste I

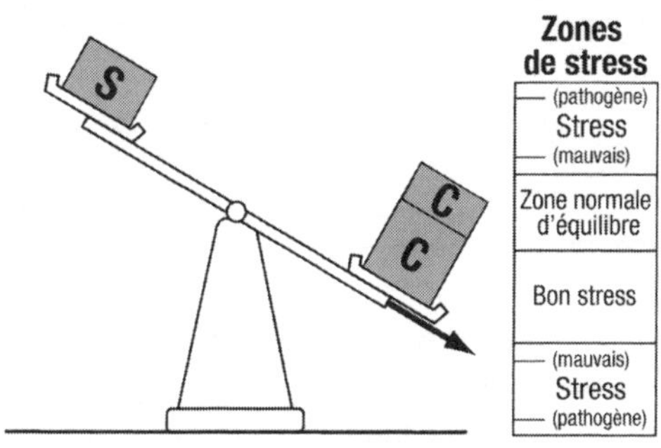

Les capacités à faire face perçues sont beaucoup trop grandes par rapport aux sollicitations perçues. Cela déclenche l'ennui, la frustration et, par conséquent, un stress néfaste.

figure 4 zone de stress néfaste II

Le mauvais stress et le stress pathogène découlent parfois également d'un manque de sollicitations positives et stimulantes, qui déclenchera l'ennui et la frustration. Dans ce cas, les capacités à faire face sont perçues comme étant largement supérieures aux sollicitations (voir figure 4). Avoir trop peu d'activités ou trop peu de tâches motivantes à exécuter peut donc être en définitive aussi stressant que d'avoir trop à faire ou de se confronter à des situations trop complexes. Les personnes à la retraite ou occupant un poste en dessous de leurs capacités professionnelles ne le savent que trop.

Stress bénéfique

Lorsque nous percevons nos capacités à faire face comme légèrement supérieures aux sollicitations (voir figure 5), nous ressentons du bon stress. Bien que la balance ne soit pas à l'horizontale, ce petit déséquilibre est nettement souhaitable. Ce stress positif peut être considéré comme une prolongation de la zone normale d'équilibre.

La situation est ici bien différente de celle décrite à la figure 4, où le basculement est dû à un manque de sollicitations. La situation de bon stress fait augmenter la confiance en soi. Nous avons l'impression de contrôler les événements, d'être capables de relever certains défis. Le stress ainsi activé nous maintient dans un niveau de vigilance suffisant pour réunir les conditions psychiques et physiques nécessaires à une efficacité à la fois productive et créative.

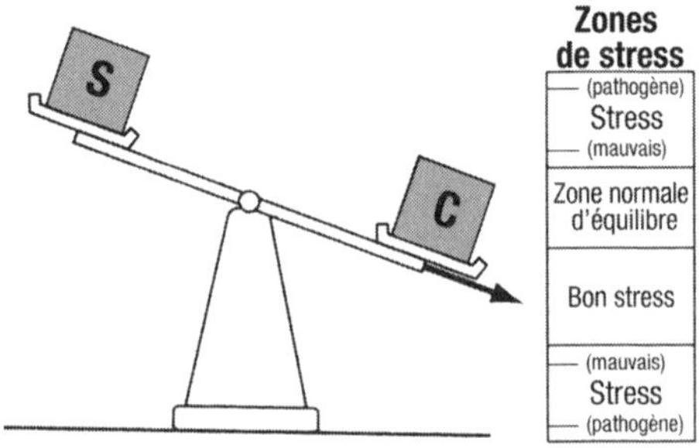

Les capacités à faire face perçues dépassent légèrement les sollicitations perçues, et ceci génère du bon stress.

figure 5 zone de stress bénéfique

Parvenir à l'équilibre

En raison de notre mode de vie actuel, nous connaissons forcément à certains moments des périodes où la balance penche trop d'un côté ou de l'autre. Il nous faut diminuer la fréquence et la durée de ces phases de stress négatif, soit en diminuant le nombre de sollicitations et leur diversité, soit en accroissant nos capacités à faire face. Ceci aidera à réduire les méfaits des situations stressantes, voire à les éliminer. Nous apprendrons par la suite à renforcer nos incursions dans la zone de stress bénéfique en équilibrant sollicitations et capacités.

Pour parvenir au bon équilibre, nous devons aussi réapprendre à juger la façon dont nous percevons notre environnement et interagissons avec celui-ci, car cette perception détermine la façon dont nous gérons les sollicitations par rapport à nos capacités.

Dans ce livre, le terme « stress », employé seul, désignera tout niveau d'activation de la réponse au stress hors de la zone normale, qu'il soit bénéfique ou néfaste. Nous l'utiliserons cependant plus souvent pour les deux types de stress négatifs (mauvais stress et stress pathogène). Dans la vie, un stress contenu à l'intérieur de la zone normale est inévitable et doit être considéré comme tel. À l'intérieur de cette zone d'équilibre, nous ne le ressentons pas vraiment. À noter que le terme « stress » désigne parfois aussi en français le déclencheur de l'état de stress, que nous appellerons « facteur de stress » ou « stresseur ».

Puisqu'il est impossible de vivre une vie dénuée de tout stress, il est essentiel de ne pas laisser la balance s'aventurer trop longtemps, trop souvent et trop loin dans les zones négatives. Il est préférable d'utiliser notre réponse au stress dans le but d'améliorer notre vie et notre efficacité en nous maintenant dans la zone normale ou dans celle du bon stress. Nous vous apprendrons pour ce faire à mieux maintenir l'équilibre entre sollicitations et capacités à faire face. Pour bien assimiler les bases, il convient de comprendre tout d'abord comment le corps réagit au stress, de saisir les effets de cette réponse, et de savoir en reconnaître les manifestations et symptômes pour tous les types de stress. Cet apprentissage servira de base au développement d'une maîtrise efficace du stress présentée dans la deuxième partie.

3

La réponse au stress

Dans ce chapitre vous apprendrez :

- les divers aspects physiologiques de la réponse au stress;
- la manière dont pensées et émotions influent sur nos différents états de stress;
- la manière dont le stress nuit à notre efficacité.

De l'intérêt de comprendre ce qu'est la réponse au stress

Il est indispensable de prendre conscience et de savoir ce qu'est la réponse au stress, d'un point de vue physiologique, pour mieux identifier les manifestations du stress, la manière dont le stress risque d'aboutir à des problèmes de santé et d'influer sur notre efficacité ainsi que la relation possible entre notre comportement et la survenue d'un stress. Plus important encore, vous comprendrez les raisons biologiques, qui justifient les exercices permettant d'y faire face, que nous présentons dans la deuxième partie de ce livre ainsi que le bien-fondé de ces stratégies antistress.

Les explications qui suivent résument de façon simplifiée une réponse complexe que nous ne comprenons pas encore pleinement. Nous vous incitons à lire attentivement ce chapitre qui vous expliquera pourquoi vous pouvez vous laisser envahir par le stress, comment celui-ci vous affecte, quelles sont ses conséquences sur la santé, les relations avec autrui et l'efficacité. Vous découvrirez aussi de bonnes raisons d'apprendre à le gérer.

Qu'est-ce que la réponse au stress ?

La « réponse au stress » englobe toute une série de réactions physiologiques, psychologiques et comportementales que notre organisme met en œuvre lorsqu'il se trouve confronté à une sollicitation agressive ou perçue comme telle. Toujours active à un certain degré, elle agit en principe au sein de la zone normale d'équilibre du stress, afin de nous permettre de faire face aux changements permanents de notre environnement. En cas de sollicitations inhabituelles, nouvelles ou excessives, la réponse au stress permet à l'organisme d'être toujours capable de les affronter. Ces sollicitations peuvent constituer une vraie menace pour notre vie, être d'ordre physique ou psychologique, plaisantes ou déplaisantes, etc. L'organisme doit être capable de réagir de manière adaptée pour surmonter chaque type de situations. Il ne serait ni efficace ni économique d'activer une seule réponse, immuable, supposée faire face à n'importe quelle éventualité. La réponse au stress est donc activée de manière spécifique, à un niveau ajusté en fonction de la situation.

Réagir en cas de danger imminent

Imaginez que vous soyez brutalement confronté à une situation qui menace votre vie : une voiture fonce sur vous parce que son conducteur en a perdu le contrôle, ou bien vous êtes agressé en pleine rue par un forcené : votre réaction doit être immédiate. Tous vos sens sont alors en alerte et votre organisme se prépare physiquement.

En raison de la vitesse et de l'urgence de l'action nécessaire, on parle de **réaction d'alarme** et de **réponse d'urgence**. En une fraction de seconde, nous décidons de ce qui est le mieux pour nous : soit prendre la fuite (stratégie d'évitement), soit rester pour combattre (stratégie d'affrontement).

La réaction d'alarme a évolué afin de préparer nos ancêtres à affronter un animal sauvage ou une autre menace similaire. Il leur fallait décider immédiatement s'il valait mieux braver le danger ou prendre ses jambes à son cou. C'est pourquoi on parle aussi, dans ce cas, de **réponse « de combat » ou « de fuite »**.

Réagir en cas de sollicitation(s) sur le long terme

Toutefois, la réaction d'alarme n'est pas appropriée pour faire face aux menaces et aux sollicitations qui perdurent, car il faut procéder à des ajustements permanents sur une période de temps relativement longue. Cela met principalement en jeu cette partie de la réponse au stress appelée **réaction de résistance**.

La plupart des sollicitations auxquelles nous sommes confrontés, dans nos sociétés modernes, ne mettent *a priori* pas directement notre intégrité physique, notre vie en danger. Elles sont plutôt de nature psychologique que physique, mais n'en constituent pas moins des menaces et des défis pour notre sécurité et notre bien-être. Certaines surviennent de manière soudaine, sans qu'on y soit préparé, et sont éphémères; d'autres s'installent dans la durée et nous minent jour après jour, semaine après semaine, voire année après année. Il peut s'agir de préserver et de protéger notre bien-être et nos relations, ainsi que ceux de notre famille, de trouver et de conserver un emploi, de gagner de quoi vivre et de faire tout son possible pour obtenir une promotion. Ce type de situations est souvent stressant, dans le mauvais sens du terme, étant donné qu'il s'agit de lutter pour contrôler une situation ou de craindre d'en perdre le contrôle, ce qui menacerait alors notre sécurité et notre bien-être ainsi que ceux de notre famille.

Comment décider alors quel aspect de la réponse au stress il convient d'activer afin que l'organisme puisse réagir au mieux à une situation donnée ?

Ce choix résultera de l'évaluation que nous faisons de la situation et de la manière dont nous pensons y faire face. Cette appréciation déclenche en nous une réaction physiologique qui nous permet de produire le type de réponse au stress adéquat. Il faut toutefois bien distinguer les situations soudaines, où la vie est menacée (une voiture qui risque de nous écraser, par exemple), et celles qui ne mettent pas en jeu notre intégrité physique (un entretien en vue d'une promotion, par exemple). En cas de danger imminent, tous les mécanismes impliqués dans la réponse au stress sont mis en œuvre. En revanche, si la situation est plutôt de nature psychologique ou émotionnelle, notre réaction doit être proportionnelle à la sollicitation à laquelle nous sommes confrontés. Ce livre traitera essentiellement de ce dernier cas de figure.

Par ailleurs, il ne faut pas oublier que l'expression d'une réponse au stress repose **toujours** sur une réaction d'alarme (combattre ou fuir) ou sur une réaction de résistance, voire sur les deux. Le plus souvent, la réaction d'alarme est activée proportionnellement à ce qui est nécessaire pour gérer une sollicitation, immédiate et de courte durée, même si notre vie n'est pas en danger. Nous ressentons alors juste un léger sentiment d'agression ou de peur. En revanche, il peut arriver que nous nous sentions tellement menacés, d'un point de vue psychologique (que cela soit ou non justifié), que la réaction d'alarme est activée à un niveau bien supérieur. Nous sommes alors plus agressifs, décidons alors de « combattre » mentalement, et notre organisme s'y prépare.

Nous pouvons également nous sentir complètement dépassés par une situation au point de prendre peur. Nous « fuyons », mentalement, alors que notre organisme se prépare à combattre. Nos émotions, par exemple la peur ou la colère, jouent un rôle majeur dans notre interprétation et notre évaluation de la situation et, de ce fait, dans l'intensité de la réponse au stress et la manière dont elle sera activée.

Interpréter une situation donnée

Nous pouvons appréhender une situation de trois manières différentes :

1) « **Je peux gérer cette situation** » : la perception de la capacité à faire face est supérieure à la perception de la/des sollicitation(s) ;
2) « **Je ne suis pas certain d'arriver à gérer cette situation** » : il y a un doute sur la perception de la capacité à faire face par rapport à la perception de la/des sollicitation(s) ;
3) « **Je suis incapable de gérer cette situation** » : la perception de la/des sollicitation(s) est supérieure à la perception de la capacité à faire face.

Si l'on se sent capable d'affronter la situation, la réponse au stress est activée au sein de la zone normale d'équilibre et l'on n'est pas stressé. En revanche, si l'on doute d'y arriver ou si l'on se sent complètement dépassé, la réponse au stress sera excessive, au-delà de la zone normale d'équilibre, ce qui entraînera un degré variable de mauvais stress avec, en prime, une réaction mentale de « résistance », de « combat » ou « fuite ». Dès lors que l'on sait pouvoir gérer une sollicitation, la réponse au stress demeure dans la zone du bon stress. On peut même être désireux de se confronter au défi que présente cette situation, ce qui aboutit à un stress positif.

Notre réaction, à l'intérieur ou au-delà de la zone normale d'équilibre du stress, dépend donc avant tout de notre manière d'appréhender, d'interpréter et de vivre les situations auxquelles nous sommes confrontés. Cela signifie que le stress n'est pas quelque chose d'inhérent à notre environnement, mais **un état propre à chacun**. Notre rapport au monde détermine l'intensité et le type de stress que nous induisons en nous-mêmes.

> *« Ce qui trouble les hommes, ce ne sont pas les choses, ce sont les jugements qu'ils portent sur les choses. »*
>
> Épictète

La manière dont nous appréhendons une sollicitation et notre aptitude à y faire face dépendent de nombreux facteurs : notre vécu, nos croyances, notre attitude générale face à la vie, nos attentes et nos besoins. Tous ces facteurs sont eux-mêmes liés à notre héritage génétique, notre personnalité, notre éducation, notre âge, notre sexe, notre état de santé général, notre environnement social (figure 6).

La réponse du corps

En gardant toujours à l'esprit le caractère inévitable de cette appréciation initiale d'une situation, voyons à présent comment cela permet d'aboutir à une réaction physiologique adaptée à la réponse au stress.

Cette réponse au stress, qui vise à préparer le corps à l'action, est obtenue en modifiant l'activité des organes grâce à des messagers chimiques spécifiques. Par exemple, l'un d'eux provoque une accélération du rythme cardiaque et un autre, sa diminution.

Le type et la quantité des messagers requis pour une tâche donnée résultent d'une décision du cerveau après réception, par les organes sensitifs, de l'information sur la nature de la/des sollicitation(s) :

- « Ma vie est-elle menacée ? »
- « Faut-il réagir immédiatement ou cela peut-il attendre ? »

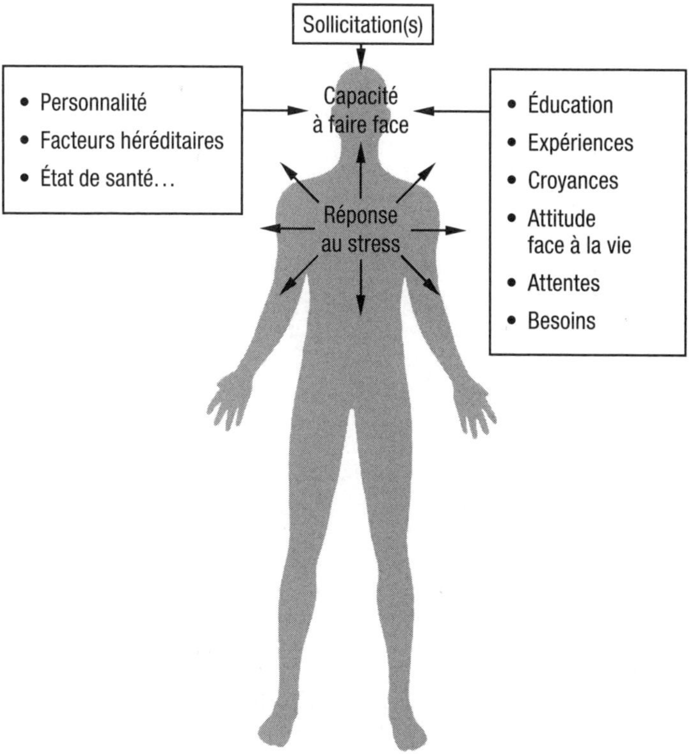

figure 6 les facteurs qui conditionnent notre capacité à faire face

Le cerveau évalue aussi notre manière de vivre cette situation :

- « Est-ce que je peux y faire face ? »
- « Est-ce que j'ai le contrôle de la situation ? »
- « Cela me met-il en colère ? »
- « Suis-je concerné ? »

Enfin, le cerveau puise des informations stockées en mémoire sur ce qu'il a appris dans le passé :

- « Qu'ai-je fait auparavant dans la même situation ? »
- « C'est une expérience nouvelle. Je dois être prudent. »

Toutes ces informations sont prises en compte pour décider de l'action la plus appropriée. Une fois la décision prise, elle est transmise à une région du cerveau appelée **hypothalamus** qui active les messagers chimiques nécessaires pour amener le corps à réagir. Cette réponse se déroule selon les trois étapes suivantes :

- **À VOS MARQUES !** « Voici une situation que je dois affronter. » Le cerveau recueille l'information, la traite, évalue la situation et décide de l'action à mener.
- **PRÊTS !** « Je dois me préparer à affronter cette situation. » Le cerveau (l'hypothalamus) active une réponse au stress proportionnelle à la nature (telle qu'interprétée) et à l'importance de la sollicitation.
- **PARTEZ !** « J'affronte cette situation. » Le type d'action qui en résulte dépend de l'interprétation de la situation et des émotions.

Prenons deux situations très différentes, mais dans lesquelles nous pouvons adopter une stratégie d'évitement, et examinons-les à la lumière des étapes « À vos marques ! », « Prêts ! » et « Partez ! ».

Exemple n° 1

Situation où la vie est menacée : confrontation avec un taureau sur le point de charger.

À VOS MARQUES !
« Voici une situation que je dois affronter. »
Je vois le taureau. Il semble menaçant. Je dois fuir rapidement.

PRÊTS !
« Je dois me préparer à affronter cette situation. »
Mon organisme se prépare à courir.

PARTEZ !
« J'affronte cette situation. »

Je cours le plus vite possible. La réponse au stress est à son degré maximum d'activation. La respiration est plus rapide et plus intense. Le cœur bat à tout rompre. L'énergie emmagasinée est mobilisée. Le sang afflue vers les muscles qui reçoivent un surplus d'oxygène et d'énergie.

Exemple n° 2

Situation où la vie n'est pas menacée : entretien pour un emploi qui ne se déroule pas comme souhaité. D'un point de vue émotionnel, la personne qui postule appréhende cette situation et se sent incapable d'y faire face. La réponse au stress est activée à un degré qui fait basculer la balance du stress hors de la zone normale, dans celle du mauvais stress. Elle s'exprime, comme dans l'exemple n° 1, selon le mode de la « fuite ».

À VOS MARQUES!

« Voici une situation que je dois affronter. »

Cet entretien ne se passe pas très bien. J'ai mal répondu aux questions. Ce n'est pas brillant. J'aimerais partir d'ici le plus vite possible.

PRÊTS!

« Je dois me préparer à affronter cette situation. »

Mon corps se prépare à courir, même si c'est impossible.

PARTEZ!

« J'affronte cette situation. »

Mentalement, la personne s'enfuit en courant mais, physiquement, elle doit rester et affronter la situation. Le cœur bat à tout rompre. La respiration est rapide et superficielle. Les muscles sont tendus, prêts à l'action. Le sang arrive directement aux muscles et délaisse d'autres organes, comme ceux de l'appareil digestif. La personne a l'estomac tout retourné et des crampes au ventre.

L'exemple n° 1 illustre la composante « fuite » de la réponse au stress (qu'on appelle aussi « stratégie d'évitement »), suite à une réaction d'alarme. Les situations où la vie est menacée, comme cette confrontation avec un taureau sur le point de charger, nécessitent son activation complète pour augmenter les chances de survie. Cette réponse au stress est conforme à la finalité pour laquelle elle a été sélectionnée par l'évolution. Ici, la fuite est effectivement la meilleure des options possibles.

Cependant, l'exemple n° 2 montre bien que lorsqu'une personne tente de se soustraire à une situation simplement déplaisante, une réponse de fuite identique est mise en œuvre. Ici, la réponse au stress n'est pas activée à son degré maximal puisque la survie n'est pas en jeu. Néanmoins, l'envie de fuir sans possibilité de le faire, alors que tout le corps y est préparé, provoque une réaction physiologique bien différente de celle où l'on peut prendre ses jambes à son cou.

En définitive, nos réactions face à une situation qui ne présente aucun danger de mort sont, en fait, des degrés plus ou moins importants de l'activation de notre réaction d'alarme (fuir ou combattre) ou de résistance, voire des deux.

Dans notre société actuelle, le problème résulte de ces situations fréquentes où notre vie n'est pas en péril et où notre interprétation émotionnelle de l'événement est inappropriée. Il nous faut donc apprendre à gérer ce type de situations afin de ne pas basculer dans la zone du stress néfaste.

Dans l'exemple n° 2, le candidat à l'embauche sent que les choses se déroulent mal. Il perçoit que l'entretien le sollicite à un niveau supérieur à ses capacités. La balance penche hors de la zone normale pour se retrouver dans celle du mauvais stress. Plus les sollicitations dépassent l'aptitude à faire face, plus la composante « fuite » se manifeste physiquement. Ici, la personne qui passe l'entretien interprète la situation de telle sorte qu'elle a envie de fuir... et son corps s'y prépare.

Ces exemples montrent bien que l'expression de notre réponse au stress peut être liée à notre interprétation d'une situation et à notre état psychologique, à nos émotions. Une même situation peut engendrer, selon les individus, une grande diversité d'états psychologiques (anxiété, colère, peur, joie intense, voire aucune émotion observable) alors que la réponse au stress aura été activée à un degré similaire.

Nous allons à présent voir ce qui se passe dans notre corps lors des trois phases « À VOS MARQUES ! », « PRÊTS ! » et « PARTEZ ! ». Cela vous permettra d'identifier les signes de votre propre réponse au stress et, ainsi, de découvrir ce qui provoque en vous du stress et comment celui-ci affecte votre santé et votre efficacité. Vous tirerez également profit des bases qui sous-tendent les stratégies antistress présentées dans la deuxième partie.

À vos marques !

« Voici une situation que je dois affronter ». C'est la phase d'évaluation et d'alerte. Les informations relatives à notre environnement, recueillies par nos organes sensoriels, sont transmises au cerveau, lequel va les traiter et les interpréter. Nous sommes en état d'alerte, prêts à affronter un danger, une menace ou toute autre sollicitation. Notre cerveau évalue la situation et établit la meilleure manière d'y réagir. Si nous sentons que nous pouvons y faire face, la réponse au stress est activée de manière appropriée, au sein de la zone normale d'équilibre du stress. Le niveau d'activation ne sortira de cette zone que si nous jugeons que la sollicitation nous dépasse (mauvais stress) ou, au contraire, si nous sommes pleinement confiants dans notre aptitude à l'appréhender (bon stress).

Prêts !

« Je dois me préparer à affronter cette situation ». C'est la phase de mobilisation. Lorsque le cerveau a décidé de l'action à entreprendre, les instructions « Prêts ! » sont transmises aux différents organes.

Cette transmission peut s'effectuer de deux manières différentes. Dans la première, les ordres du cerveau se propagent par les nerfs jusqu'aux différents organes : c'est la transmission nerveuse. Celle-ci aboutit à la libération de substances chimiques messagères appelées **neuromédiateurs** (ou **neurotransmetteurs**) au niveau des terminaisons nerveuses situées dans les organes cibles. Ces neuromédiateurs influent sur l'activité de ces organes. Par exemple, ceux qui sont libérés au niveau du cœur modifient la fréquence cardiaque.

Dans l'autre mode de transmission, les ordres parviennent aux organes par le sang, sous la forme de messagers chimiques appelés **hormones.** Celles-ci sont produites par des glandes dites « endocrines » sous le contrôle du cerveau. Les hormones arrivent aux organes cibles dont elles modifient l'activité de manière à préparer l'organisme à affronter la situation.

Plusieurs types de neuromédiateurs et d'hormones sont libérés afin d'initier la réponse au stress par des actions différentes sur les organes.

Le « schéma global » d'activité des organes va dépendre à la fois de la manière dont sont initiées la réaction d'alarme ou la réaction de résistance, et de leur influence respective lorsque ces deux réponses sont simultanément engagées.

Le cerveau décide de la meilleure manière de traiter une sollicitation donnée, puis il déclenche une série d'événements qui aboutissent à la libération du cocktail approprié de neuromédiateurs et d'hormones en vue de produire la réponse souhaitée. Afin de comprendre ces mécanismes, vous devez acquérir quelques notions de base sur le cerveau et sa relation avec les différents organes du corps par l'entremise des nerfs et du système hormonal.

Les instructions « Prêts ! » émises par le cerveau via le système nerveux

Le système nerveux comporte 60 à 100 milliards de cellules interconnectées, appelées neurones, qui forment un système de communication très complexe le long duquel est transmis l'influx nerveux (formé d'impulsions électriques). Cet influx constitue le langage du système nerveux et le moyen par lequel le cerveau communique avec les organes. Le système nerveux est composé de centres nerveux (le cerveau, le cervelet et la moelle épinière, principalement) desquels partent des nerfs qui se dirigent vers les différentes régions du corps.

Les terminaisons neuronales ne sont pas en contact physique avec les organes. Il existe entre elles un espace minuscule, appelé synapse, au niveau duquel circulent les neuromédiateurs. Ces messagers chimiques sont stockés dans des vésicules situées aux extrémités des neurones. Lorsqu'une impulsion électrique atteint une extrémité, les vésicules déversent leur contenu dans l'espace synaptique. Les neuromédiateurs se fixent à la surface des cellules l'organe cible concerné, ce qui induit une modification de leur activité.

Les deux parties du système nerveux

Le système nerveux volontaire (ou somatique)
Nous exerçons un contrôle conscient, volontaire, sur certaines parties de notre corps, notamment sur les muscles attachés au squelette. Nous pouvons ainsi mobiliser comme bon nous semble un bras ou une jambe. Les nerfs qui vont du cerveau à ces organes constituent une partie du système nerveux périphérique appelé le **système nerveux volontaire.**

Le système nerveux autonome (ou végétatif)
Notre contrôle conscient est, en revanche, très limité sur l'activité de certains organes (cœur, estomac, poumons, glandes et vaisseaux sanguins). Ces parties du corps sont commandées par une autre branche du système nerveux appelé le **système nerveux autonome.** Celui-ci fonctionne de manière indépendante afin d'assurer les fonctions vitales (battements du cœur, respiration, digestion, etc.) qui doivent s'adapter en permanence à tout changement de notre environnement intérieur ou des conditions externes. Par exemple, la fréquence et la force des contractions du cœur s'ajustent automatiquement, en fonction de l'activité physique, pour apporter aux muscles des jambes et des bras la quantité de sang – et donc d'oxygène et de nutriments – dont ils ont besoin. Le système nerveux autonome travaille 24 heures sur 24, sept jours sur sept, tous les jours de la vie.

Il est essentiel de comprendre comment le système nerveux autonome fonctionne si l'on veut comprendre comment la réponse au stress est activée. En effet, ce sont toujours des modifications de son activité qui sont à l'origine des réactions physiologiques déployées par notre organisme pour faire face aux sollicitations.

Lorsque la réponse au stress s'effectue au sein de la zone normale, le système nerveux autonome maintient les fonctions vitales à un niveau qui permet d'affronter les sollicitations de la vie quotidienne. En cas de stress important, le système nerveux autonome se met à plein régime. En revanche, si un événement ne menace pas notre vie, celui-ci s'adapte afin de permettre de gérer cette sollicitation. Quoi qu'il en soit, ce sera toujours l'évaluation initiale – bonne ou mauvaise – de la situation qui déterminera l'intensité de l'activité du système nerveux autonome et, ainsi, l'activation de la réponse au stress.

Les systèmes nerveux sympathique et parasympathique

Le système nerveux autonome se compose de deux « sous-systèmes » : le **système nerveux sympathique** et le **système nerveux parasympathique**. C'est essentiellement par le système nerveux sympathique que la réponse au stress est activée, mais le système nerveux parasympathique joue lui aussi un rôle dans la mesure où son activité diminue lors d'une situation de stress.

Le système nerveux parasympathique a pour fonction d'économiser l'énergie, de faciliter la digestion et de participer à la défense de l'organisme contre des agents agresseurs, comme les bactéries. Une augmentation de son activité entraîne, par exemple, une sécrétion accrue au niveau des yeux (larmes), de la bouche (salive), du nez et des poumons (mucus), et de l'estomac (acide gastrique). Ces sécrétions piègent et détruisent les particules étrangères (figure 7).

Le système nerveux sympathique sert, quant à lui, à augmenter la dépense énergétique, à préparer le corps à l'action. Lorsque son activité augmente, cela se traduit notamment par une accélération du rythme cardiaque, un afflux de sang aux muscles et une respiration plus rapide et plus intense (figure 7).

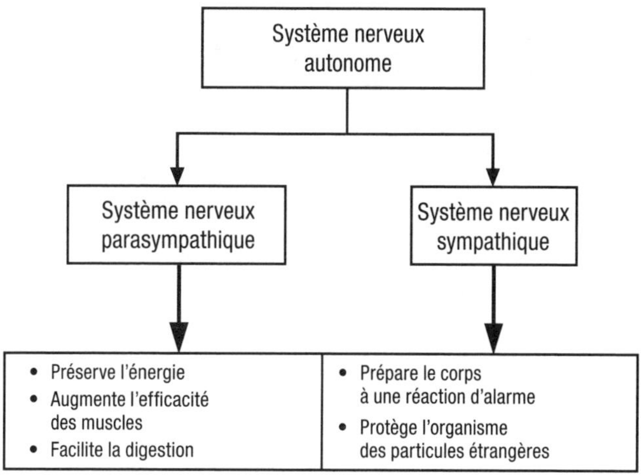

figure 7 résumé de l'activité du système nerveux autonome

L'activité du système nerveux sympathique est essentiellement assurée par un neuromédiateur appelé **noradrénaline** et celle du système nerveux parasympathique par un autre neuromédiateur, l'**acétylcholine**.

La plupart des organes sont innervés par ces deux sous-systèmes. Toutefois, certains organes (partie médullaire des glandes surrénales, rate et glandes sudoripares) ne reçoivent de messages que du système sympathique, tandis que certaines glandes salivaires n'en reçoivent que du parasympathique. **Ce schéma de distribution détermine l'activité des organes et explique la diversité des réponses du corps en fonction des circonstances.**

Le tableau qui suit montre les effets sur les organes de la stimulation des nerfs des systèmes sympathique et parasympathique.

EFFET DES SYSTÈMES NERVEUX PARASYMPATHIQUE ET SYMPATHIQUE SUR DIVERS ORGANES/TISSUS

Organe/Tissu	Effet parasympathique	Effet sympathique
Cœur	Diminution de la fréquence cardiaque	Augmentation de la fréquence cardiaque et de l'intensité des contractions
Vaisseaux sanguins	Effet minime ou nul ; parfois dilatation des vaisseaux irriguant le muscle cardiaque, les poumons, le cerveau et les organes génitaux	Constriction, sauf de ceux irriguant le cœur et les muscles des membres (dilatation)
Rate	Effet minime ou nul	Contraction et libération dans le sang des globules rouges stockés
Glandes salivaires	Augmentation de la sécrétion de salive	Diminution de la sécrétion de salive
Appareil digestif	Augmentation du péristaltisme intestinal	Diminution du péristaltisme intestinal
Appareil respiratoire	Constriction des bronches, diminution de l'activité respiratoire	Dilatation des bronches, augmentation de l'activité respiratoire
Glandes sudoripares	Effet minime ou nul	Augmentation de la transpiration
Pupilles	Contraction du muscle sphincter de l'iris : rétrécissement des pupilles	Contraction du muscle radial de l'iris : dilatation des pupilles
Foie	Effet minime ou nul	Libération de glucose (glycogénolyse)
Cerveau	Effet minime ou nul	Augmentation de l'activité cérébrale
Sang	Effet minime ou nul	Augmentation de la capacité de coagulation

Lorsqu'un organe est innervé à la fois par le système sympathique et par le système parasympathique, la stimulation des nerfs du système sympathique augmente généralement son activité, tandis que celle des nerfs du système parasympathique la diminue. Ainsi, une activité plus intense du système sympathique associée à une faible activité du système parasympathique aboutit à une accélération du rythme cardiaque. C'est ce qui se produit quand nous sollicitons beaucoup nos muscles, au cours d'une activité sportive par exemple. À l'opposé, une activité accrue du système parasympathique, associée à une activité plus faible du système sympathique, diminue la fréquence cardiaque. C'est le cas lorsque nous sommes reposés et détendus.

On remarquera toutefois que pour certains organes les effets des systèmes sympathique et parasympathique sont exactement inversés : ainsi, la stimulation du premier provoque une baisse d'activité des muscles lisses de l'appareil digestif, tandis qu'une stimulation du second engendre une augmentation d'activité des mêmes organes.

La plupart des organes sont sous le contrôle dominant de l'un ou l'autre des systèmes sympathique et parasympathique. Par exemple, le cœur et les vaisseaux sanguins (et donc la circulation sanguine) sont presque entièrement régulés par le système sympathique.

Les instructions « Prêts ! » émises par le cerveau via le système hormonal

Nous avons vu que l'autre mode de transmission des instructions du cerveau aux organes s'effectue par l'intermédiaire d'hormones libérées par des glandes endocrines. Comme les hormones circulent dans le sang, elles ont un accès direct à tous les organes ou presque. Toutefois, chaque hormone transporte un message spécifique qui ne s'adresse qu'à un ou quelques organes cibles (celui ou ceux dont les cellules possèdent des récepteurs capables de fixer l'hormone). Ces organes vont répondre au signal en modifiant leur activité.

Deux types de glandes sont plus particulièrement associés à la réponse au stress : l'**hypophyse** et les **deux glandes surrénales** (une au-dessus de chaque rein). Chaque glande surrénale se compose de deux parties, une partie externe appelée **cortex surrénal** (ou corticosurrénale) et une partie interne appelée **médullosurrénale**. Cette dernière produit de grandes quantités de deux hormones très similaires, l'**adrénaline** et la **noradrénaline**. L'hormone noradrénaline est identique au neuromédiateur noradrénaline que l'on trouve à l'extrémité des nerfs sympathiques. En fait, la médullosurrénale peut être considérée comme une extension du système nerveux sympathique. Celui-ci innerve la médullosurrénale et contrôle la libération de l'adrénaline et de la noradrénaline par cette glande. Si la structure de l'adrénaline est similaire à celle de la noradrénaline, il n'en va pas de même de leurs effets. Comme nous le verrons plus loin, cette différence prend toute son importance lorsqu'il s'agit de préparer l'organisme à combattre ou à prendre la fuite. L'autre partie de la glande surrénale, le cortex surrénal, sécrète différentes hormones, notamment celles que l'on appelle glucocorticoïdes, qui agissent à plus long terme que l'adrénaline et la noradrénaline et permettent à l'organisme de réagir à des sollicitations qui perdurent. Le principal glucocorticoïde est le cortisol, particulièrement important en cas de réaction de résistance.

La libération de la plupart des hormones du cortex surrénal, dont le cortisol, est contrôlée par d'autres hormones sécrétées par l'hypophyse, une petite glande située près de la base du cerveau. L'hypophyse est qualifiée de « glande endocrine maîtresse » parce qu'elle contrôle, grâce aux hormones qu'elle sécrète, la production et la libération des hormones de nombreuses autres glandes endocrines (ovaires ou testicules, thyroïde, glandes surrénales). Cette activité hormonale de l'hypophyse est elle-même régulée par des messages provenant de l'hypothalamus, situé juste au-dessus.

Le principal rôle du cortisol est de procurer suffisamment d'énergie aux muscles à partir des graisses stockées. En outre, il renforce l'action de l'adrénaline et de la noradrénaline. Enfin, à un niveau normal, il favorise les mécanismes de défense du corps lorsqu'il s'agit de faire face à une infection ou à une blessure.

La réponse au stress est essentiellement le résultat de l'action hormonale de l'adrénaline, de la noradrénaline et du cortisol.

Le cerveau envoie principalement ses ordres aux organes via le système nerveux sympathique. Un neuromédiateur, la noradrénaline, est libéré par les terminaisons nerveuses au niveau des différents organes concernés, ainsi qu'au niveau des glandes surrénales. Ces dernières libèrent alors leurs hormones (noradrénaline, adrénaline et cortisol), qui seront transportées par le sang jusqu'à ces mêmes organes. Comme nous l'avons vu, la noradrénaline est à la fois un neuromédiateur et une hormone. Cela s'explique par une double nécessité. Il faut d'abord garantir une réaction immédiate du corps en utilisant la transmission nerveuse, moyen de communication très rapide vers les organes. Mais l'effet de la noradrénaline au niveau des terminaisons nerveuses ne dure que quelques secondes. D'où l'intérêt d'une voie de communication hormonale supplémentaire qui permet, grâce à la libération dans le sang d'adrénaline et de noradrénaline, de prolonger et d'intensifier la réponse initiée par le neuromédiateur du système sympathique. De cette manière, la réponse de l'organisme, une fois déclenchée, sera maintenue aussi longtemps que nécessaire.

Lorsqu'une réponse au stress cesse d'être nécessaire, le cerveau envoie des ordres pour diminuer l'activité du système nerveux sympathique et augmenter celle du système parasympathique. Ce dernier produit alors de l'acétylcholine qui agit sur les organes pour induire un état de repos et de détente.

Grâce à ces neuromédiateurs et ces hormones, le cerveau peut toujours déclencher les actions organiques les plus appropriées en déterminant le « cocktail » adéquat de messagers chimiques.

Comment la libération des messagers chimiques est-elle contrôlée ?

L'activité du système nerveux autonome est sous le contrôle de l'**hypothalamus**, qui reçoit les messages en provenance d'autres régions du cerveau. L'une de ces régions, appelée le **cortex cérébral**, évalue les informations provenant de nos organes sensoriels et décide de la réponse à apporter (par exemple : « Je peux gérer cette situation »). Une autre région du cerveau, le **système limbique**, apporte une coloration affective à l'intensité de la réponse élaborée par le cortex des émotions (peur, anxiété, colère, etc.). Le type d'émotions dépend, bien évidemment, de la manière dont l'individu perçoit la situation.

De cette interaction entre le cortex et le système limbique résulte un message qui est transmis à l'hypothalamus. Ce dernier traduit la décision en action à effectuer par le corps. Il envoie des messages nerveux aux différents organes, via les systèmes sympathique et parasympathique, et agit sur l'hypophyse, qui libère alors des hormones dans le sang.

Les instructions « Prêts ! » et les capacités à faire face

Comme nous l'avons vu, l'activation de la réponse au stress résulte essentiellement des instructions émanant de l'hypothalamus et envoyées via deux systèmes différents (voir figure 8, page 46) :

- le système nerveux sympathique et la médullosurrénale (partie interne de chacune des deux glandes surrénales)

  et

- l'hypophyse et le cortex surrénal (partie externe de chacune des deux surrénales).

L'expression de la réponse au stress, ou la manière dont nous le gérons, résulte quant à elle soit d'une stratégie d'affrontement (attitude combative), soit d'une stratégie d'évitement (attitude de fuite), soit encore d'une attitude de résistance. Nous allons à présent voir quels sont les effets physiques de ces trois types de réponses.

Se préparer à combattre

Lorsque c'est la stratégie d'affrontement qui est adoptée, ou lorsqu'un effort soutenu est nécessaire pour maîtriser une situation, l'hypothalamus stimule surtout la libération de noradrénaline, via le système nerveux sympathique. Ce neuromédiateur va préparer les différents organes du corps au combat. L'agressivité, la colère et l'hostilité sont des signes émotionnels caractéristiques d'un comportement combatif qui peut prendre la forme, dans un premier temps, d'une simulation visant à effrayer l'agresseur. Chez des animaux comme le chat, cela se manifeste par une posture d'intimidation caractéristique (toutes griffes dehors, le poil hérissé, il fait le « gros dos », montre les dents et crache). Chez les êtres humains, on observe souvent un comportement similaire : parler haut et fort en faisant de grands gestes, se redresser en bombant le torse, serrer les dents et les poings… L'attaque simulée peut être un excellent moyen de dérouter l'adversaire. Elle offre en outre à la personne agressée la possibilité de frapper en premier. Si l'attaque est réelle, l'objectif est alors de prendre le contrôle de la situation. Pour que la vigilance soit maximale, les ressources du corps doivent être mobilisées, tout comme la force physique. C'est le plus fort et le plus rusé qui l'emporte et qui survit.

Se préparer à fuir

Si, en revanche, on éprouve un doute quant à la façon dont les choses vont tourner ou si l'on craint de ne pas avoir le dessus, le cerveau peut adopter la stratégie d'évitement, dont la forme la plus évidente est la fuite. Dans ce cas de figure, l'hypothalamus stimule principalement la libération, toujours via le système nerveux sympathique, d'adrénaline. Ce neuromédiateur prépare le corps à fuir rapidement en augmentant le rythme cardiaque et en mettant à la disposition des muscles une grande quantité d'énergie.

La noradrénaline et l'adrénaline sont toutes deux nécessaires pour combattre ou pour prendre la fuite. Cependant, c'est l'émotion impliquée qui détermine la prédominance de l'une ou de l'autre et, de ce fait, l'action appropriée. Cette action conjointe est à l'origine d'une grande confusion entre le rôle de l'adrénaline et celui de la noradrénaline. Bien des personnes disent : « Je sens monter l'adrénaline » quand elles se sentent stimulées et excitées.

En réalité, ce n'est pas l'adrénaline mais la noradrénaline qui est associée à une excitation et qui provoque cette sensation de dynamisme, de surexcitation et de puissance physique. Produite en quantités importantes, elle stimule en outre des régions du cerveau qui procurent une impression de plaisir. À l'opposé, les sensations associées à de fortes quantités d'adrénaline ne sont pas plaisantes. Pensez, par exemple, à ce que vous éprouvez quand vous êtes sur le point d'être opéré ou dans la salle d'attente de votre dentiste. C'est l'adrénaline qui est en action, cette hormone qui est libérée de manière prépondérante pour une réponse de fuite. Il y a fort à parier que vous avez envie de prendre vos jambes à votre cou.

Se préparer à résister

Dans les situations où un facteur de stress se prolonge dans le temps, l'axe formé par l'hypophyse et le cortex surrénal devient prédominant. Ici, le cortisol est important pour procurer à l'organisme le surplus d'énergie dont il a besoin pour faire face à la sollicitation qui perdure.

Un bon exemple de régulation sur le long terme est offert par les hormones sexuelles (œstrogènes chez la femme, androgènes – essentiellement la testostérone – chez l'homme). La testostérone, qui est sécrétée par les testicules, est généralement considérée comme l'hormone sexuelle masculine par excellence. Toutefois, les glandes surrénales produisent en petite quantité une hormone androgène très similaire à la testostérone (l'androstérone) chez la femme comme chez l'homme.

Les hormones sexuelles jouent un rôle important dans le comportement en société : pour établir des relations, attirer les deux sexes et former des couples. Il a été démontré que leurs taux dans l'organisme sont fonction du sentiment de sécurité éprouvé et, pour la testostérone, de l'impression de pouvoir et de contrôle ressentie lors de situations difficiles. Dans une situation où l'on se sent désemparé ou en échec, le taux de testostérone dans le sang chute. Il s'ensuit un manque de motivation à agir et une diminution de l'instinct sexuel chez l'homme. À l'opposé, si l'on est bien dans sa peau, que rien ne nous menace et que l'on se sent aimé, la production de testostérone est accrue, ce qui augmente le désir sexuel et pousse à agir.

Partez !

« **J'affronte cette situation.** » Lorsque l'on est confronté à un facteur de stress, le système nerveux sympathique déclenche une réponse immédiate, principalement par l'entremise de la noradrénaline.

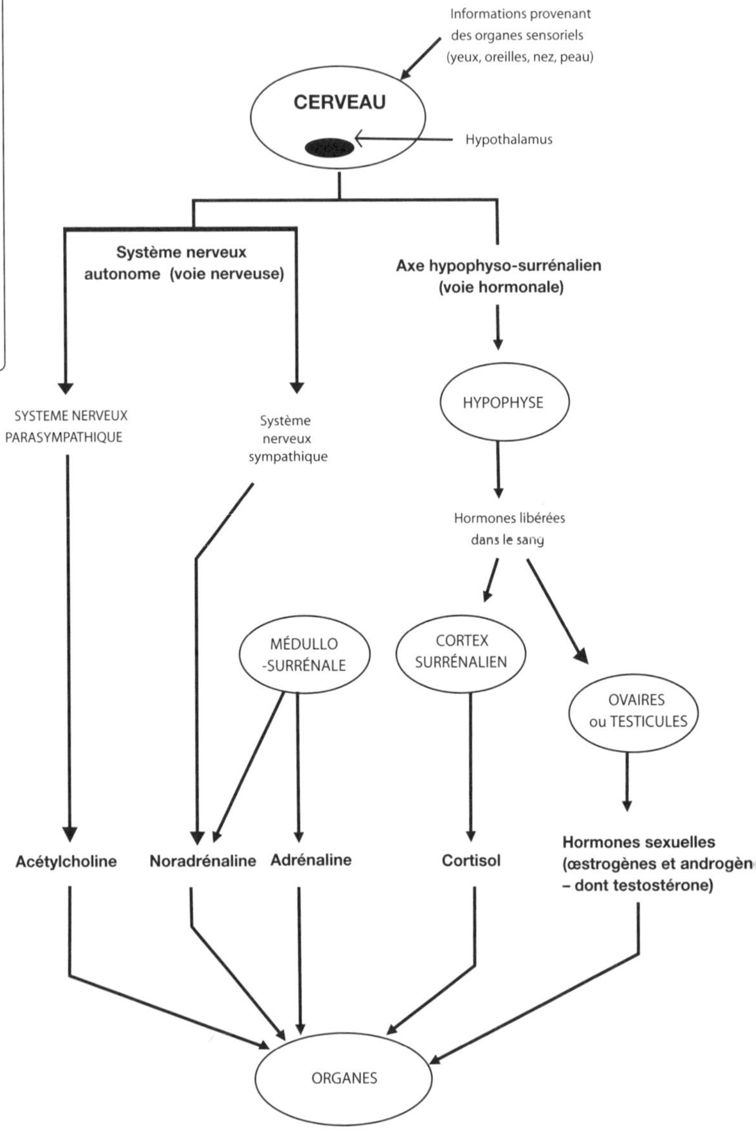

figure 8 mécanisme biologique de la réponse au stress

Il stimule, en même temps, la médullosurrénale afin que celle-ci produise de l'adrénaline et de la noradrénaline pour soutenir et prolonger cette réponse. Ces mécanismes visent essentiellement à procurer de l'énergie à l'activité musculaire (ce qui augmente la force physique et l'état de vigilance) et à protéger le corps d'une éventuelle perte de sang en cas de blessure (voir figure 9, page 53).

Le premier objectif d'une réaction d'alarme est de fournir aux muscles suffisamment d'oxygène et de nutriments (qui seront convertis en énergie). La ventilation pulmonaire s'accentue. Les poumons procurent ainsi l'oxygène supplémentaire qui est ensuite transporté par le sang jusqu'aux muscles. Dans le même temps, le foie libère du glucose (le carburant cellulaire par excellence) à partir du glycogène stocké.

Procurer la juste quantité d'oxygène et de nutriments aux muscles

Le cœur se met à battre plus vite et plus fort pour accélérer la distribution d'oxygène aux muscles. Les vaisseaux sanguins qui irriguent les muscles actifs se dilatent afin d'y augmenter l'afflux de sang.

Pour cela, l'organisme doit répondre un problème de taille, car la quantité de sang en circulation est limitée. Pour que les muscles puissent recevoir plus de sang, il faut donc en détourner une partie de certains organes. Les organes vitaux, notamment le cerveau, le cœur et les poumons, doivent continuer d'être correctement irrigués, ceci d'autant plus qu'ils ont eux-mêmes besoin de plus d'oxygène et d'énergie lorsque les muscles doivent fournir un effort prolongé. En revanche les autres organes (appareil digestif, reins, peau) n'influent pas sur le pronostic vital. Les vaisseaux qui les irriguent se contractent; recevant moins de sang, ils fonctionnent au ralenti. En d'autres termes, pour fournir suffisamment d'oxygène et de nutriments aux muscles, il faut redistribuer le sang : en prélever au niveau des organes non vitaux pour en apporter plus à ceux qui sont vitaux.

Procurer plus d'oxygène

L'adrénaline provoque une dilatation des bronches afin d'augmenter la capacité respiratoire des poumons. La respiration devient plus rapide et profonde, ce qui permet de mieux oxygéner le sang. La capacité à transporter de l'oxygène est accrue grâce à un afflux de globules rouges (ces cellules sanguines qui transportent l'oxygène). L'arrivée massive de globules rouges résulte de l'action du système nerveux sympathique qui stimule la rate afin qu'elle se contracte et libère les globules rouges stockés.

Procurer plus de nutriments

Sous l'action de l'adrénaline et de la noradrénaline, le glucose est rapidement mobilisé à partir du glycogène stocké dans le foie (cet organe libère aussi du cholestérol). Tout au long de la réponse au stress, ces apports sont maintenus grâce à l'action d'autres hormones, dont le cortisol. Grâce à cette hormone, le foie transforme certains acides aminés en glucose, tandis que le tissu adipeux libère des triglycérides et des acides gras en prélevant sur les graisses stockées. Ainsi, l'apport énergétique aux cellules est maintenu.

Accroître la vigilance et aiguiser les sens

La noradrénaline augmente l'état de vigilance et l'activité des sens : odorat, ouïe, goût, toucher et vue. Les pupilles se dilatent pour permettre l'entrée d'une plus grande quantité de lumière afin d'y voir mieux, surtout s'il fait sombre. L'ouïe devient plus fine et la peau plus sensible au toucher, deux avantages majeurs lorsqu'il s'agit de combattre. L'état de vigilance est maximal, ce qui permet, entre autres, de réfléchir plus vite.

Paraître plus « méchant »

Sous l'action de la noradrénaline, l'attitude se fait plus agressive : les poils se dressent sur la peau et les muscles faciaux se contractent. Comme, en outre, tout le corps se raidit et adopte une posture belliqueuse, la personne donne l'impression d'être plus grande et plus imposante, le but étant d'effrayer suffisamment l'adversaire pour l'inciter au repli.

Diminuer l'activité des fonctions non vitales

Lors d'une réaction de combat ou de fuite, les fonctions non vitales comme la digestion ou la diurèse (élimination d'urine) ralentissent ou cessent.

Contracter les muscles

L'adrénaline et la noradrénaline intensifient la contraction des muscles et renforcent leur tonus (afin qu'ils soient toujours prêts à agir). La force de la contraction musculaire est accrue, essentiellement grâce à la noradrénaline.

Minimiser la perte de sang en cas de blessure

La réponse au stress vise également à limiter toute perte de sang en cas de blessure lors d'une attaque ou d'une fuite. La noradrénaline augmente la vitesse de coagulation du sang. Par ailleurs, les vaisseaux se contractent lors de la redistribution du sang dans le corps. De ce fait, en cas de blessure, l'hémorragie restera limitée.

Guérir les blessures

Pendant et après une réaction d'alarme, du cortisol est libéré afin de diminuer toute inflammation et d'accélérer la cicatrisation d'une blessure éventuelle (voir figure 10, page 50).

ACTIONS DE L'ADRÉNALINE ET DE LA NORADRÉNALINE

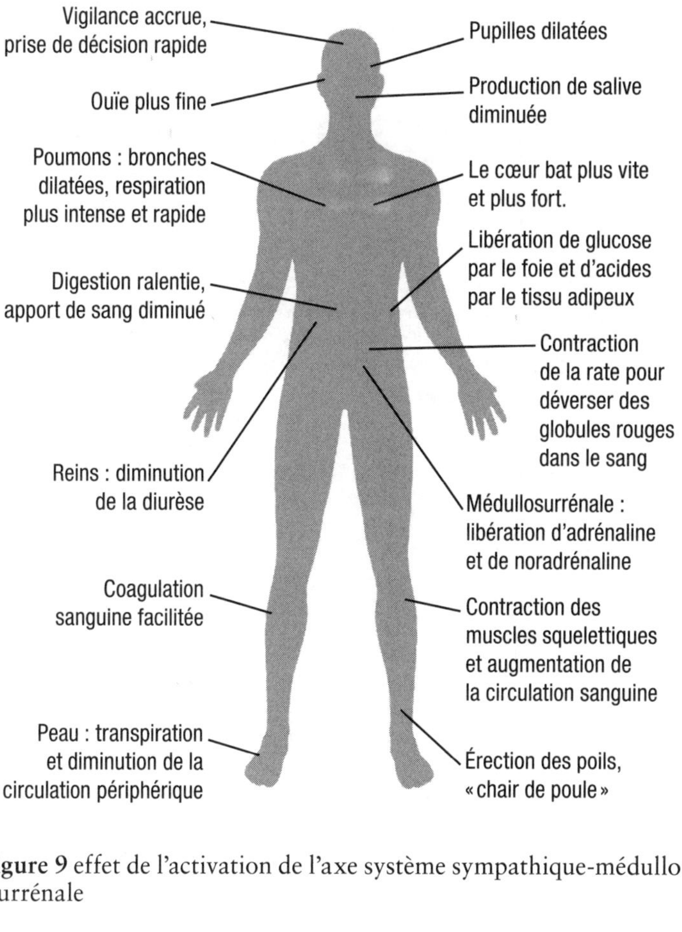

figure 9 effet de l'activation de l'axe système sympathique-médullo surrénale

Supprimer toute réaction allergique

Le cortisol inhibe toute réaction allergique. Il s'agit d'une mesure de protection utile en cas de combat ou de fuite, car la poussière ou d'autres agents irritants pourraient gêner la réponse au stress.

Les réactions d'alarme et de résistance agissent de concert pour aider le corps à se défendre. Lorsque la volonté de fuir s'accompagne d'une impossibilité à le faire, la situation de stress perdure. Cela provoque alors la libération prolongée de cortisol. Il peut également arriver que l'on se sente d'humeur combative alors que notre vie n'est pas en danger. Comme la nature du facteur de stress ne permet pas d'exprimer son agressivité, il faut alors s'interdire de montrer son irritation et sa colère. Nos sentiments ou nos émotions jouent parfois un grand rôle dans l'activation de la réponse au stress. C'est ce que nous allons voir à présent.

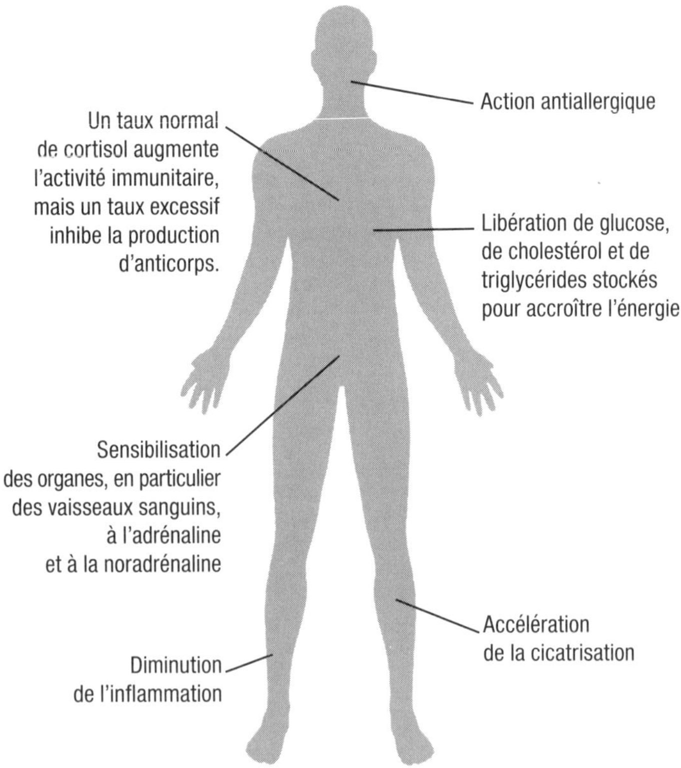

figure 10 effet de l'activation de l'axe système sympathique – cortex surrénal

Votre bilan sanguin révèle vos émotions

Afin d'illustrer la relation entre les taux de noradrénaline, d'adrénaline et de cortisol, prenons deux exemples. On fait une prise de sang à un homme qui prend l'avion à Paris pour se rendre à New York. On mesure ses taux de noradrénaline et d'adrénaline. À New York, il loue une voiture pour rejoindre le centre-ville. Juste après qu'il a pris la route, une nouvelle prise de sang évalue, une fois encore, ses taux de noradrénaline et d'adrénaline.

Le résultat des analyses permet de voir comment se sentait cet homme au moment des deux prises de sang. Lorsqu'il n'avait pas le contrôle de la situation (il n'était qu'un passager dans l'avion), ses émotions ont induit une production relativement élevée d'adrénaline et faible de noradrénaline. Une fois parvenu à destination, il s'est probablement senti soulagé d'être à nouveau sur la terre ferme. Lorsqu'il conduisait la voiture, il se sentait maître de la situation. Ses émotions ont alors déclenché une augmentation de la production de noradrénaline et une diminution de celle d'adrénaline. On voit bien que le niveau des médiateurs chimiques associés à une réponse au stress est intimement lié aux émotions, à notre état psychologique.

Prenons un autre exemple. Lors d'un rallye automobile, on effectue une prise de sang à deux pilotes expérimentés juste avant le départ puis, à nouveau, après leur arrivée. On mesure les taux de noradrénaline, d'adrénaline et de cortisol. Le tableau ci-dessous montre les résultats du vainqueur et du perdant. Les mouvements hormonaux indiqués correspondent à la différence entre les taux avant et après le rallye.

Pouvez-vous trouver, d'après ces résultats, lequel des deux a gagné ?

Pilote	Noradrénaline	Adrénaline	Cortisol
A	Légère augmentation	Forte augmentation	Forte augmentation
B	Forte augmentation	Légère augmentation	Aucun changement

Un rallye automobile n'est pas tant une course contre des concurrents qu'une course contre la montre. À l'arrivée, chaque pilote peut juger s'il a été à la hauteur et s'il a l'impression d'avoir dominé la compétition. Le bilan sanguin du vainqueur devrait indiquer qu'il pense avoir été le meilleur. Par conséquent, son taux de noradrénaline devrait être supérieur à celui du perdant, et ses taux d'adrénaline et de cortisol inférieurs à ceux du perdant, qui sentait probablement qu'il n'avait pas réalisé une bonne performance et ne s'attendait donc pas à gagner. D'après les résultats des deux pilotes, le pilote B semble être le vainqueur. C'est effectivement le cas. Il est intéressant de remarquer que le taux de noradrénaline était, chez les deux pilotes, supérieur à la fin du rallye. Cela montre bien l'état de vigilance et l'effort physique requis pour courir.

Le tableau des médiateurs chimiques ci-dessous et celui de la figure 11 page ci-contre résument la relation qui existe entre la manière dont nous nous sentons, notre état psychologique, et la libération des hormones de la réponse au stress.

Le pouvoir de la réaction d'alarme

La réponse au stress permet de donner son maximum, tant pour la rapidité d'exécution que pour la force et l'énergie déployées. Il existe de nombreux récits de personnes qui, suite à l'activation d'une réaction d'alarme, semblaient dotées d'une puissance « surhumaine ». Une femme est ainsi parvenue à soulever une voiture pour libérer son enfant qui était coincé dessous. Un homme qui courait pour se mettre à l'abri lors d'un raid aérien a escaladé, sans s'en rendre compte, un mur de trois mètres de haut. S'il n'avait pas été question de vie ou de mort, ni l'homme ni la femme n'auraient eu la force physique d'accomplir un tel exploit.

TABLEAU DES MÉDIATEURS CHIMIQUES

Appréciation de la situation	Partie dominante de la réponse au stress	Médiateur(s) chimique(s) par ordre d'importance
« Je peux y arriver » « Je contrôle la situation » « Je sais maîtriser ça »	Composante « combat » de la réaction d'alarme	**1 Noradrénaline** 2 Adrénaline
« C'est trop pour moi » « Vais-je y arriver ? » « J'ai peur d'échouer »	Composante « fuite » de la réaction d'alarme	**1 Adrénaline** 2 Cortisol 3 Noradrénaline
« Je me sens impuissant » « Je n'ai pas le contrôle de la situation » « J'ai échoué »	Réaction de résistance	**1 Cortisol** 2 Adrénaline

De nombreux athlètes utilisent une réponse au stress de type « affrontement » pour se stimuler mentalement avant une compétition. Observez les haltérophiles aux jeux Olympiques. Remarquez comment ils font les cent pas juste avant de soulever les haltères. Ils donnent l'impression d'être prêts au combat. Voyez l'hostilité affichée sur leur visage et l'agressivité apparente de leur comportement. Prêts à agir, ils saisissent la barre, l'« attaquent » (au propre comme au figuré) et la soulèvent.

Les athlètes repoussent souvent les limites des performances humaines. Pour y parvenir, ils doivent réduire la douleur qui survient lors d'une activité musculaire intense. Quand ils poursuivent leurs efforts, alors qu'ils devraient raisonnablement s'arrêter, des médiateurs chimiques appelés endorphines sont libérés dans le cerveau afin de supprimer la douleur associée aux efforts musculaires. Les spécialistes des sports d'endurance (marathoniens, triathlètes, etc.) parviennent à soutenir leurs efforts grâce à ces endorphines qui leur procurent une sensation d'euphorie. Être capable de dépasser la barrière de la douleur est essentiel s'il s'agit d'une question de vie ou de mort et s'il faut poursuivre son effort jusqu'à ce que le danger soit écarté.

Émotions/ Comportements	Médiateurs chimiques/Hormones	Variations par rapport aux taux « normaux »
 Colère Agressivité Combativité	NORADRÉNALINE Adrénaline Testostérone Cortisol	forte augmentation faible augmentation faible augmentation changement minime ou nul
 Peur Repli Fuite	ADRÉNALINE Cortisol Noradrénaline Testostérone	forte augmentation augmentation faible augmentation changement minime ou nul
 Dépression Perte de contrôle Soumission	CORTISOL Adrénaline Noradrénaline Testostérone	forte augmentation changement minime ou nul changement minime ou nul diminution
 Sérénité Relaxation Méditation	Noradrénaline Adrénaline Cortisol Testostérone	diminution diminution changement minime ou nul changement minime ou nul
 Allégresse Sentiment de sécurité Amour et soutien	TESTOSTÉRONE Noradrénaline Adrénaline Cortisol	augmentation diminution diminution diminution

figure 11 relations entre notre état psychologique et les hormones libérées par l'organisme

4

Les manifestations du stress

Dans ce chapitre vous apprendrez à :

- reconnaître les manifestations du stress;
- distinguer celles du bon et du mauvais stress;
- les détecter chez vous et chez d'autres personnes.

Pour éviter les effets néfastes du stress et faire en sorte que celui-ci travaille au contraire pour vous, il est essentiel d'apprendre à détecter les manifestations de votre réponse au stress pour savoir équilibrer celle-ci. Vous allez maintenant pouvoir tester vos connaissances de l'aspect physiologique de vos réactions.

La physiologie de la réponse au stress et ses manifestations

La plupart des signes de stress s'expliquent par des phénomènes physiologiques, parmi lesquels le simple fait d'avoir froid aux pieds et aux mains. Pourquoi ? Parce que la température de la peau des pieds et des mains dépend de la quantité de sang qui afflue vers ces zones. De nombreux facteurs influent sur cette circulation sanguine, notamment la température ambiante, mais aussi le phénomène de réponse au stress. Si le débit sanguin est réduit de manière significative, vous avez les extrémités froides. Or, en cas de réaction d'alarme, le sang est distribué différemment : il est en partie détourné des régions non cruciales du corps pour être envoyé vers les muscles et organes essentiels. La peau fait partie des zones périphériques annexes. Le système nerveux sympathique transmet par conséquent des messages aux vaisseaux sanguins de la peau pour les inciter à se contracter. Le sang circule moins, la température de la peau diminue, pieds et mains deviennent glacés. Cet exemple permet d'expliquer pourquoi et comment le stress se manifeste. Nous vous montrerons les effets de la réponse au stress sur le corps en nous référant aux actions de l'adrénaline, de la noradrénaline et du cortisol décrites au chapitre précédent. On peut ainsi expliquer également ce qui se produit lorsque cette réaction est excessive et que l'équilibre physiologique bascule hors de la zone normale – en zone de stress, soit néfaste soit bénéfique.

Une lettre pleine de stress

Voici des extraits d'une lettre qu'un homme nous a envoyée après lecture d'un article mentionnant notre travail.

> Pendant plus de trente ans, j'ai occupé un poste de responsable des ventes dans une entreprise industrielle locale. Trois ans avant mon départ, j'ai été promu au poste de directeur des ventes, à un moment critique de l'histoire de cette société. À cette époque, nous étions confrontés à des produits « bon marché » importés (mais pas forcément de qualité inférieure), et notre entreprise ne pouvait pas rester concurrentielle. Nous avons donc dû réduire de manière progressive, mais inévitable, le nombre d'employés. De 400 salariés, nous étions passés à 36.

J'avais l'entière responsabilité du service des ventes et vous pouvez imaginer les angoisses et les frustrations que je ressentais. *J'ai passé de nombreuses nuits blanches*, allongé sur mon lit, *à m'inquiéter* quant à la meilleure façon de maintenir les ventes pour freiner notre déclin. *J'en avais des sueurs froides de supporter tant d'anxiété* et, lorsque je posais la tête sur l'oreiller, *je percevais fortement les pulsations de mon cœur jusque dans mon oreille.* Une grave *crise d'angine de poitrine* m'a obligé à prendre une retraite anticipée.

Encore aujourd'hui, j'ai l'impression d'être très facilement stressé même lorsque j'accomplis des tâches simples et *il a fallu que je m'arrête d'écrire cette lettre tellement je sentais ces tensions reprendre le dessus.*

Cela fait quatre ans et demi que je n'ai pas travaillé et *aucune perspective d'être de nouveau apte au travail n'est envisageable.*

Les passages en italiques indiquent les manifestations de mauvais stress ou de stress pathogène, dans leurs aspects physiques et psychologiques.

Évaluer les manifestations

Avant que nous décrivions les aspects physiques, psychologiques et comportementaux du stress néfaste, évaluez la présence de ces signaux d'alerte chez vous en répondant au questionnaire pages 58-59. Nous avons choisi de présenter dans ces questions les signes cliniques et symptômes les plus courants.

Apprendre à reconnaître et à surveiller ces phénomènes, qui correspondent à votre réponse au stress, est une étape cruciale. À la fin de votre évaluation, reportez-vous à la figure 15 (page 101) et notez dans les cases les trois éléments obtenant le plus de points. Vous garderez ainsi mieux en mémoire ce qu'il vous faut surveiller dans votre corps et votre comportement.

Ce questionnaire ne mentionne pas tous les signes et symptômes. C'est pourquoi nous vous en donnons ci-après une liste plus complète. Étudiez-la bien de manière à avoir conscience de tous ces phénomènes.

Manifestations du stress négatif

Sur le plan physique

- Perception exagérée des battements du cœur, palpitations ;
- essoufflement, boule dans la gorge, respiration superficielle et rapide ;
- bouche sèche, sensation d'estomac « retourné » ou noué, indigestion, nausées ;
- diarrhées, constipation, ballonnements ;
- tension musculaire généralisée, mâchoires contractées, bruxisme (grincement des dents) ;
- poings serrés, épaules contractées et dos voûté, douleurs musculaires, crampes ;
- gesticulation, hyperactivité, onychophagie (ongles rongés), agitation quasi constante des doigts ou des pieds, tremblement des mains ;
- fatigue, épuisement physique et intellectuel, apathie, troubles du sommeil, vertiges, pertes de connaissance, maux de tête, petites maladies fréquentes telles que les rhumes ;
- transpiration excessive notamment des mains ou de la lèvre supérieure, bouffées de chaleur ;
- pieds et mains glacés ;
- besoin fréquent d'uriner ;
- fringales ou perte d'appétit, avec prise ou perte de poids, augmentation de la consommation de cigarettes ;
- augmentation de la consommation d'alcool, baisse de la libido.

Sur le plan psychologique

- État stressé, inquiet, contrarié, déprimé, hystérique, sensation d'impuissance, d'incapacité, de désespoir, isolement, anxiété, dépression ;
- impatience, irascibilité, exaspération, colère, manque d'amabilité, agressivité ;
- sentiments de frustration, d'ennui, d'inadaptabilité, de culpabilité, de rejet, d'insécurité, de vulnérabilité, d'abandon ;
- manque d'intérêt pour sa propre apparence physique, sa santé, son alimentation, sa vie sexuelle ; baisse de l'estime de soi, manque d'intérêt pour les relations avec autrui ;
- accumulation de tâches trop nombreuses et quasi simultanées, activité incessante ;

- incapacité à finir une tâche commencée avant de passer aux suivantes ;
- difficulté à penser clairement, à se concentrer et à prendre des décisions, trous de mémoire, oublis, manque de créativité, comportements irrationnels ; tendance à remettre toujours au lendemain (procrastination), difficulté à commencer quoi que ce soit ;
- tendance à commettre des erreurs ou à avoir des accidents ;
- sentiment d'avoir trop à faire, sans savoir par où commencer, en passant d'une tâche à l'autre, pour finalement ne rien faire du tout ;
- comportement hypercritique, inflexible, irraisonné, hyperréactif, improductif, peu efficace.

Cette liste n'est pas exhaustive et certains troubles psychologiques peuvent donner lieu à des manifestations physiques et vice versa.

MANIFESTATIONS ET SYMPTÔMES

Cochez la case correspondant le mieux à votre comportement.

Au cours du mois passé...	(a) presque jamais	(b) parfois	(c) souvent	(d) presque toujours
1. Vous êtes-vous facilement énervé à cause d'événements insignifiants ou de certaines personnes ?	☐	☐	☐	☐
2. Vous êtes-vous montré impatient ?	☐	☐	☐	☐
3. Vous êtes-vous senti incapable de faire face ?	☐	☐	☐	☐
4. Avez-vous eu le sentiment d'être un raté ?	☐	☐	☐	☐
5. Avez-vous eu du mal à prendre des décisions ?	☐	☐	☐	☐
6. Avez-vous éprouvé peu d'intérêt pour les contacts sociaux ?	☐	☐	☐	☐
7. Avez-vous éprouvé le sentiment que vous n'aviez personne à qui vous confier ou à qui parler de vos problèmes ?	☐	☐	☐	☐
8. Avez-vous eu des difficultés de concentration ?	☐	☐	☐	☐

9. Laissiez-vous du travail en plan avant de passer à autre chose ?	☐	☐	☐	☐
10. Vous êtes-vous senti abandonné de quelque façon que ce soit ?	☐	☐	☐	☐
11. Vouliez-vous faire trop de choses à la fois ?	☐	☐	☐	☐
12. Vous êtes-vous senti angoissé ou déprimé ?	☐	☐	☐	☐
13. Vous êtes-vous montré inhabituellement agressif ?	☐	☐	☐	☐
14. Vous êtes-vous senti blasé ?	☐	☐	☐	☐
15. Avez-vous plus fumé, bu ou mangé ?	☐	☐	☐	☐
16. Avez-vous modifié votre degré d'activité sexuelle ?	☐	☐	☐	☐
17. Avez-vous pleuré ou eu envie de pleurer ?	☐	☐	☐	☐
18. Vous êtes-vous senti plus fatigué que d'ordinaire ?	☐	☐	☐	☐
19. Avez-vous souffert des troubles suivants : douleurs cervicales ou dorsales, maux de tête, douleurs, spasmes musculaires et crampes, constipation, diarrhée, perte d'appétit, brûlures d'estomac, indigestion, nausées ?	☐	☐	☐	☐
20. Présentez-vous **au moins deux** des comportements suivants : je ronge mes ongles, je serre les poings, je tambourine des doigts, je grince des dents, je contracte les épaules, je bouge sans cesse un pied, j'ai du mal à m'endormir ou je me réveille la nuit ?	☐	☐	☐	☐
TOTAL	☐			

Reportez-vous maintenant à l'annexe 1, page 197, pour calculer votre résultat et l'analyser. Notez votre score final dans la case correspondante, à la page 101.

Manifestations du stress positif

L'absence de signes indique naturellement que vous ne subissez aucun effet néfaste du stress. Les manifestations du bon stress présentées ci-dessous correspondent à ce que vous pouvez ressentir lorsque vous bénéficiez des effets positifs de votre réponse au stress. Vous vous sentez alors peut-être...

- euphorique, stimulé, fou de joie, excité ;
- serviable, compréhensif, sociable, amical, aimant, heureux ;
- calme, confiant, en pleine possession de vos moyens ;
- créatif, efficace, productif ;
- clair et rationnel, apte à prendre des décisions ;
- diligent, vif d'esprit, productif, joyeux, souvent souriant.

Notre perception des manifestations du stress, positif ou négatif

Remarquez combien ces manifestations sont nombreuses, dans nos listes, mais aussi dans la vie. Elles ne font que refléter la diversité des organes et mécanismes activés par la réponse au stress. Comme nous l'avons souligné, celle-ci est une réaction du corps à toute sollicitation de l'environnement. Certaines parties du corps (cœur, circulation sanguine, poumons et muscles) sont toutefois plus sollicitées que d'autres. Si l'on demande à des personnes stressées de dresser la liste de leurs symptômes, ceux que l'on retrouve le plus fréquemment dans la colonne « mauvais stress » sont : perception exagérée des battements du cœur, accélération du rythme cardiaque, palpitations (battements irréguliers), sensation que le cœur cogne dans la poitrine, respiration superficielle et irrégulière, tension des muscles. On retrouve également souvent les mains moites, l'estomac noué et le besoin d'uriner. D'autres signes sont plus rares : crispation générale des muscles, et plus particulièrement des mâchoires, bruxisme, poings serrés et épaules contractées, pieds et mains glacés. Deux raisons à cela : premièrement, dans l'esprit de la plupart des gens, ces manifestations ne sont pas à associer au stress ; deuxièmement, certaines personnes supportent de telles pressions en continu que ces phénomènes deviennent habituels et ne sont plus catalogués comme des manifestations du stress. On soulève ici un point crucial : **nous devons tous apprendre à écouter notre corps, à lire et à prendre note des messages qu'il nous envoie.**

Cela vaut de même pour les manifestations psychologiques. De nombreux éléments réapparaissent sur toutes les listes ou presque : impatience, course contre le temps, frustration, ennui, sentiment d'abandon, impression d'impuissance, propension aux larmes, inquiétude, perte d'appétit, fringales voire boulimie, baisse de la libido, impossibilité de se concentrer, surmenage par accumulation des tâches. D'autres, tels qu'un manque de créativité, des difficultés dans la prise de décisions, une tendance à accumuler les erreurs et les accidents, reviennent moins fréquemment. La liste des symptômes psychologiques est curieusement toujours plus longue que celles des signes cliniques avérés. Nous avons en effet toujours plus conscience de nos émotions que de leurs manifestations physiques. Cela met l'accent sur un point essentiel : notre prise de conscience doit concerner les effets du stress aussi bien sur l'intellect que sur le corps.

Autre constat : si vous demandez à des gens de dresser une liste des manifestations physiques et mentales du stress, ils ne mentionnent pratiquement que des signes de stress négatif, et pratiquement rien de positif. Cela illustre une réalité : nous pensons généralement au stress comme ayant des conséquences néfastes et l'associons rarement à la créativité, à l'efficacité, à la productivité, à la vigilance intellectuelle, etc. La plupart des gens n'envisagent pas non plus qu'il soit utile à leur survie et permette de se défendre contre de vrais dangers. Ces situations étant toutefois rares, nous avons tendance à ne pas les reconnaître ni à profiter dans ce cas de la réponse au stress.

Signes extérieurs de l'activité hormonale

Nous avons décrit précédemment les mécanismes chimiques de la réponse au stress qui, grâce notamment à la noradrénaline, à l'adrénaline et au cortisol, déclenchent certaines actions dans notre corps. Les manifestations physiques et psychologiques de ces processus peuvent également être identifiées.

Noradrénaline

La noradrénaline est associée aux comportements agressifs et combatifs, repérables entre autres à la tension des mâchoires pour serrer les dents ou, au contraire, ouvrir la bouche comme pour mordre, et à des muscles faciaux généralement plus tendus. Les muscles se bandent et les poings se referment. Les poils se hérissent, avec apparition chez les humains d'une simple « chair de poule » puisque nous sommes relativement peu poilus par rapport aux animaux. Ces changements nous donnent un aspect plus menaçant. Le derme subit également une vasoconstriction ; la paume des mains, la plante des pieds et la lèvre supérieure produisent de la sueur. Les pupilles se dilatent, notre vigilance augmente, la pensée et les prises de décision se font plus rapides. Bref, nous sommes plus performants. En l'absence de toute irritation, colère ou hostilité, la noradrénaline produit une sensation de plaisir et d'excitation.

Adrénaline

L'adrénaline au contraire a plutôt pour objectif de préparer le corps à la fuite. Le rythme cardiaque accélère, devient perceptible dans la cage thoracique et parfois irrégulier – c'est ce qu'on appelle les palpitations. Les organes vitaux et les muscles squelettiques sont mieux irrigués; mais comme la noradrénaline diminue d'autant le flux sanguin vers les organes non vitaux tels que les intestins ou la peau, nous avons la sensation d'avoir l'estomac retourné ou une boule au creux du ventre. Des sueurs froides surviennent aussi lorsque la transpiration perle sur une peau plus fraîche. L'action de l'adrénaline aboutit enfin parfois à des sentiments d'incertitude, d'inquiétude, d'insécurité et d'anxiété.

Cortisol

Les signes physiques de l'action du cortisol sont plus difficiles à détecter. Les rhumes, les allergies et l'asthme seraient cependant de bons indicateurs. Les manifestations psychiques sont plus nettes : sensations d'échec, d'impuissance, de désespoir, anxiété chronique et dépression.

Reconnaître le stress chez soi-même et chez les autres

Ce livre a pour principal objectif de vous aider à reconnaître votre propre stress et à le vaincre. Il est également important d'identifier les manifestations du stress chez autrui : membres de votre famille, amis, collègues de travail.

Cela permet de réduire les problèmes relationnels et contribue à maintenir une ambiance créative et productive. Inutile par conséquent d'empiler le travail sur le bureau d'un salarié qui court pour commencer 36 000 choses à la fois ou se montre impatient, grincheux et s'emporte pour des futilités. De même, ce serait une erreur de surcharger un collègue en feignant d'ignorer qu'il rencontre des difficultés familiales ou qu'il se met en retrait, devenant inhabituellement tranquille et morose. Apprenez aussi à détecter ceux de vos collaborateurs qui se sentent frustrés ou s'ennuient par manque d'activité ou parce qu'ils constatent que leurs compétences et talents ne sont pas mis en valeur.

Ces manifestations ne sont pas toutes l'apanage du mauvais stress

Les signes cliniques du stress doivent être interprétés avec prudence, car ils peuvent être communs à d'autres facteurs. Un exemple : les mains gelées sont peut-être dues... au froid ! Une chute de la température ambiante est en effet un facteur de stress car elle demande une réaction de la part du corps, même à l'intérieur de la zone normale d'équilibre. Hormis en cas de températures extrêmes et potentiellement mortelles, la plupart des gens ne se sentent pas stressés en cas de froid. Une personne peut donc avoir les mains glacées sans ressentir pour autant un stress émotionnel. Par ailleurs, certaines maladies circulatoires entraînent une baisse du flux sanguin dans les mains et, par conséquent, un refroidissement de celles-ci. D'autres troubles tels que les douleurs dorsales et cervicales, les maux de tête, les douleurs musculaires, les spasmes et les crampes, la constipation, la diarrhée, les troubles digestifs et les nausées peuvent également avoir une tout autre cause. Ce n'est que lorsqu'un certain nombre de signaux d'alerte seront réunis que l'on attribuera ces manifestations au stress.

Les signaux cachés

Impossible pour nous de visualiser une légère modification de la glycémie ou du taux d'acide gras, une augmentation des globules rouges, une accélération de la coagulation ou de l'autoguérison déclenchés par une réponse au stress. S'ils sont invisibles à nos yeux, ils ne le sont pourtant pas à ceux des scientifiques qui détectent et mesurent les conséquences internes de notre stress à l'aide d'instruments hautement sophistiqués.

Malheureusement, ces signaux dissimulés ne se révèlent à nous que lorsqu'il est trop tard. Leur action invisible, permanente ou fréquente, finit par s'extérioriser sous la forme de maladies, parfois mortelles. Avoir conscience de son stress permet de tenir compte de ces signaux d'alerte physiques et psychiques afin d'agir préventivement, avant qu'il ne soit trop tard !

5

Stress et santé

Dans ce chapitre vous découvrirez :

- les troubles et maladies liés au stress ;
- les pathologies dues à une suractivation de la réponse au stress ;
- l'influence à long terme de celle-ci sur le système immunitaire et le cœur.

La réponse au stress implique toutes les fonctions du corps. Lorsqu'elle puise trop dans nos ressources, elle peut mener à un état de fatigue avancée ou à des problèmes de santé, voire se révéler fatale. On estime que 75 % au moins des maladies donnant lieu à une consultation chez le généraliste sont liées directement ou indirectement au stress. Certains médecins suggèrent même que la majorité des décès prématurés seraient à associer aux méfaits du stress. Il n'est pas difficile de les croire lorsque l'on sait que ces derniers affectent notre métabolisme, y compris nos mécanismes de défense immunitaire, et nous rendent également plus sujets aux accidents.

Certains secteurs industriels et économiques ont déjà remarqué les conséquences sur la productivité et les bénéfices. En France d'après des estimations de l'INRS en l'an 2000, le coût du stress représenterait 10 à 20 % du budget de la branche accidents du travail/maladies professionnelles de la Sécurité sociale. En Europe, on estime à 20 milliards par an le coût du stress (données de l'Agence européenne pour la sécurité et la santé au travail, 1999). Les entreprises paient également au prix fort, en termes de démissions ou de départs à la retraite anticipée, le stress négatif qu'elles engendrent. Celui-ci a non seulement un impact néfaste sur la santé des personnes, mais impose aussi des contraintes aux proches. Les incapacités de travail, traitements médicaux et congés maladie créent des situations diverses et difficilement estimables en termes de coût pour les familles et les systèmes de santé publique.

Les chercheurs et les médecins sont désormais convaincus qu'une réponse physiologique au stress activée de manière excessive, trop fréquente ou trop prolongée provoque de nombreuses pathologies, notamment si aucune activité physique ne vient servir de « soupape de décompression ». Ce lien est notamment très net au niveau du système cardio-vasculaire, largement impliqué dans les réactions d'alarme. Le système digestif y est également vulnérable. Des recherches récentes montrent que le cortisol perturbe par ailleurs le système immunitaire. Sa stimulation chronique réduit la capacité du corps à réagir efficacement aux infections et accroît au contraire la fragilité face à des maladies telles que le cancer.

Si les effets mentionnés jusqu'à présent sont principalement physiques, les troubles psychologiques comme l'anxiété ou la dépression en sont probablement les conséquences les plus visibles. Dans ces périodes de stress, même notre comportement et notre mode de vie se modifient. Nos habitudes alimentaires, ainsi que nos dépendances addictives (consommation d'alcool, de cigarettes, voire de drogue) évoluent et apportent leur lot de problèmes, qui s'ajoutent aux risques médicaux normalement associés à ces comportements. Le tableau en page suivante répertorie quelques troubles et maladies ayant un lien avec le stress négatif. Il contient aussi bien de simples symptômes désagréables que des pathologies plus graves parfois incapacitantes ou mortelles.

Comment se fait-il qu'une réaction du corps permettant au départ la survie ou l'amélioration des performances physiques finisse par rendre moins efficace, au point de représenter finalement un danger potentiel ? Pour répondre à cette question, il nous faut revenir sur les points abordés au chapitre 3. Elle était idéale face aux menaces, dangers et défis que devaient affronter nos ancêtres. Aujourd'hui, nous sommes de moins en moins confrontés aux risques mortels que représentait, par exemple, un animal préhistorique. Nous vivons en revanche dans une société mettant en jeu des interactions sociales complexes et percevons d'autres menaces, contre notre confiance en soi, la sécurité de nos relations et notre emploi.

L'*Homo sapiens* existe depuis environ 200 000 ans, quasiment sous la même forme biologique que celle que nous lui connaissons aujourd'hui. L'ère industrielle, accompagnée d'un phénomène d'urbanisation et d'un immense progrès technologique, est extrêmement récente au regard de notre évolution. Il s'agit certainement de la période la plus courte au cours de laquelle l'homme aura subi le plus de changements dans le laps de temps le plus court. Or, nous disposons toujours du même système biologique (la réponse au stress), qui est désormais largement inadapté aux sollicitations et contraintes actuelles. Rien d'étonnant, par conséquent, qu'il nous cause tant de souffrances.

Nous vivons aujourd'hui sous un flot continu de menaces psychologiques et de défis. Si, en raison de nos croyances, nous les percevons trop souvent comme des facteurs de stress, réels ou imaginaires, les conséquences de ce raisonnement ne tardent pas à se faire sentir : la réponse au stress suractivée provoque des problèmes de santé, voire le décès.

Comment le stress provoque des problèmes de santé, voire le décès

Réponse au stress et système immunitaire

L'un des effets les plus sensibles d'un stress prolongé est l'affaiblissement du système immunitaire par sécrétion exagérée de cortisol.

EXEMPLES DE TROUBLES ET DE MALADIES LIÉS AU MAUVAIS STRESS ET AU STRESS PATHOGÈNE

Système cardio-vasculaire
- Maladies coronariennes (angor et infarctus du myocarde)
- Hypertension artérielle
- Accident vasculaire cérébral (AVC)
- Migraines

Système digestif
- Indigestion
- Nausées
- Brûlures d'estomac
- Ulcère gastro-duodénal
- Colite ulcéreuse
- Autres colopathies
- Diarrhée
- Constipation
- Ballonnements

Muscles et articulations
- Maux de tête
- Crampes
- Spasmes musculaires
- Douleurs dorsales
- Douleurs cervicales

Autres
- Diabète
- Cancer
- Polyarthrite rhumatoïde
- Allergies
- Asthme
- Rhumes et états grippaux
- Troubles sexuels : baisse de la libido, éjaculation précoce, frigidité, infécondité
- Problèmes de peau
- Troubles du sommeil

Comportement
- Fringales, voire boulimie – obésité
- Perte d'appétit – anorexie
- Augmentation de la consommation de cigarettes
- Augmentation de la consommation de caféine
- Augmentation de la consommation d'alcool
- Prise de drogue

Aspects psychologiques
- Anxiété, y compris simples peurs, phobies et obsessions
- Dépression

Cette hormone, produite, nous l'avons vu, par le cortex des glandes surrénales, joue un rôle vital dans la réaction du corps aux sollicitations habituelles de la vie. Il l'aide à fonctionner à un niveau d'efficacité optimal tout en maintenant une sensation de bien-être. Pour cela, il obéit jour et nuit à un métabolisme régulier. Les doses les plus élevées sont sécrétées le matin. Elles diminuent progressivement jusqu'à leur niveau le plus bas, en toute fin de soirée et jusqu'au milieu de la nuit. Ce cycle circadien (sur 24 heures) est essentiel pour notre système immunitaire. La nuit, les cellules de celui-ci patrouillent dans notre corps à la recherche de cellules malades ou affaiblies par une infection virale ou un cancer. Dans la journée, les cellules sanguines du système immunitaire (lymphocytes et polynucléaires – qui aident à lutter contre les infections) détruisent les virus et bactéries intrus pour éviter qu'ils ne s'attaquent à nos organes. Le cortisol participe à l'orchestration de cette relève entre « gardiens de nuit et de jour ». En revanche, si le système immunitaire s'emballe (notamment pendant la journée), les cellules immunitaires deviennent moins efficaces. Or, lorsque nous vivons sous pression, l'hypersécrétion de cortisol risque de déclencher une suractivation des défenses immunitaires à des niveaux gênants dans la journée.

On sait en effet qu'elle inhibe partiellement l'action des principaux organes du système immunitaire, le thymus et les ganglions lymphatiques. Il s'ensuit une diminution de la concentration de cellules immunitaires dans le sang et une réduction de la production d'anticorps. Le système immunitaire s'en trouve donc affaibli et lutte moins bien contre les agresseurs. Les épisodes de rhume ou de grippe sont alors plus fréquents. Le corps peut également être plus facilement sujet à des maladies auto-immunes telles que la polyarthrite rhumatoïde, aux allergies, aux affections du derme ou à l'asthme. Certaines recherches suggèrent même que cet affaiblissement de nos défenses influencerait l'évolution de certains cancers. Il existe cependant peu d'éléments prouvant qu'un mauvais état du système immunitaire peut directement être responsable de cancer.

En revanche, on constate souvent un lien direct entre stress négatif et système immunitaire lors des vacances. Lorsqu'elles prennent des congés, loin d'un travail exigeant, certaines personnes se détendent tellement que leur immunité se « relâche » et les rend plus fragiles face aux infections, notamment celles qui touchent les voies respiratoires supérieures.

Ces maladies semblent également affecter les sportifs lors des entraînements avant les compétitions. Ces longues périodes de pratique intensive augmentent en effet la sécrétion de cortisol.

Stress et angine de poitrine ou infarctus

L'hypersécrétion de noradrénaline peut entraîner des maladies cardio-vasculaires car cette hormone a un puissant effet vasoconstricteur. En situation d'alarme, elle accroît donc la tension artérielle en provoquant la constriction des artères. Le cœur est obligé de passer à un régime plus soutenu pour parvenir à faire circuler le sang normalement malgré l'hypertension des vaisseaux. Simultanément, la noradrénaline accélère le rythme cardiaque, ce qui a pour effet de faire travailler un peu plus le muscle cardiaque. Cette surcharge exige un apport supplémentaire en oxygène et en glucose. Or, ce sont les artères coronaires qui se chargent d'alimenter le myocarde et ceci risque de poser problème, notamment chez les personnes cardiaques*.

Les maladies coronariennes impliquent généralement l'obstruction partielle d'au moins l'une des deux artères coronaires par une plaque d'athérome. On parle alors d'athérosclérose. Lorsque la lumière de l'artère coronaire affectée est trop étroite, le sang ne circule plus assez pour irriguer tout le cœur (on dit alors qu'il y a ischémie du muscle cardiaque). La région du myocarde, qui n'est plus (ou plus assez) irriguée, se nécrose. La personne ressent alors de fortes douleurs dans la poitrine – c'est la crise d'angor (ou angine de poitrine). Ces crises surviennent particulièrement après un effort physique ou un stress émotionnel et disparaissent avec le repos ou la diminution du stress. Les personnes souffrant d'angor peuvent s'estimer « heureuses ». Elles ont ainsi été averties d'un rétrécissement progressif de leurs artères. Un traitement médical et un changement de mode de vie pourront les aider à mieux gérer leur maladie.

Chez d'autres individus, les premières manifestations de la maladie coronarienne se présentent sous la forme d'une crise cardiaque dite « inaugurale », sans signes avant-coureurs. Le myocarde est privé de sang de manière soudaine et une partie de ses tissus meurt. Si la zone affectée est petite, la victime de l'infarctus survit et le myocarde se cicatrise, ce qui est le cas pour environ 50 % des patients. Relativement peu étendues, ces lésions n'entraînent pas de complications ni de problèmes de santé graves pour l'avenir tant que l'on s'attache à respecter une certaine hygiène de vie. Pour les 50 % de victimes d'infarctus restantes, la crise est par contre fatale. Dans la plupart de ces cas, l'une des artères coronaires se bouche complètement. Cela stoppe net l'irrigation sanguine du myocarde, dont une grande partie meurt. Le muscle cardiaque privé d'oxygène déclenche également un phénomène de fibrillation ventriculaire (contractions désordonnées et rapides des ventricules).

* On suppose que la plupart des Occidentaux présentent, à des degrés divers, une maladie coronarienne. Pour la majorité d'entre eux, cela ne causera jamais de soucis, tandis que d'autres souffriront d'angor (angine de poitrine) ou feront un infarctus. Sans examens médicaux, il est malheureusement difficile de dire si vous êtes ou non une personne à risque. C'est pourquoi il est important, notamment à partir d'un certain âge, de demander à son généraliste s'il convient de prendre rendez-vous avec un cardiologue, particulièrement en cas de douleurs thoraciques.

La fibrillation rend totalement inefficace l'action de pompage du cœur. Si ce phénomène n'est pas enrayé à l'aide d'un défibrillateur, la circulation sanguine finit par s'arrêter totalement, et la victime décède. Le défibrillateur a pour fonction de suspendre momentanément les battements du cœur pour lui permettre de revenir à un rythme cardiaque normal.

Une « grosse colère » ou une grande inquiétude peut générer une hypersécrétion de noradrénaline qui augmentera les efforts du cœur au point que l'ischémie du myocarde risque d'être fatale. Les personnes souffrant d'angor et ayant déjà connu un épisode d'infarctus sont les plus à risque. La noradrénaline aurait divers effets. Selon certains chercheurs, son excès peut provoquer un décollement de la plaque d'athérome qui viendra boucher l'artère coronaire. On suppose que ceci survient en raison de la contraction de petits vaisseaux sanguins qui irriguent la plaque de l'intérieur. Au fil du temps, la plaque se nécrose (ses cellules meurent), puis se fissure et se détache de la paroi. Les éléments extérieurs de la plaque présentent une surface sur laquelle le sang vient plus facilement coaguler. (La formation de ces caillots est également renforcée par l'action de la noradrénaline puisque celle-ci sert notamment à éviter les hémorragies en cas de blessure.) Le flux sanguin s'arrête lorsque le caillot se détache, bouche l'artère et provoque en conséquence l'infarctus. Les crises d'angor et les crises cardiaques peuvent également survenir en l'absence de tout signe de maladie coronarienne. Un excès important de noradrénaline crée par exemple des spasmes musculaires autour des artères coronaires, lesquelles se referment en réduisant à nouveau l'irrigation sanguine du myocarde. L'hypersécrétion de noradrénaline et d'adrénaline endommage aussi directement les cellules du myocarde. Cela réduit la capacité du cœur à se contracter. L'autopsie de patients décédés d'une tumeur médullosurrénale révèle, par exemple, de graves lésions cardiaques probablement dues à une hypersécrétion de noradrénaline et d'adrénaline causée par la tumeur. La présence excessive de ces hormones peut aussi, plus directement, engendrer une activité électrique anormale du cœur qui se traduira par des troubles du rythme cardiaque avec risque de fibrillation ventriculaire.

Stress et infarctus silencieux

Des appareils sophistiqués permettent d'enregistrer les battements du cœur sur 24 heures pendant que le patient vaque à ses occupations quotidiennes. L'électrocardiogramme (ECG) du patient est recueilli en continu grâce à des électrodes placées sur la poitrine, et enregistré sur une cassette portée par le patient à la taille ou en bandoulière.

(En France, ce système est connu sous le nom de son inventeur, Holter.) La cassette est ultérieurement analysée afin de repérer d'éventuelles anomalies du rythme cardiaque ou une ischémie.

Nous avons réalisé un holter classique, de 24 heures, chez une femme qui participait à une étude sur les facteurs influant sur le rythme cardiaque. À 20h30, le tracé de son ECG (plus précisément de ce qu'on appelle le segment ST) s'est brièvement modifié. Un tel changement du segment ST indique généralement une ischémie du myocarde. Nous avions demandé à cette femme de noter toutes ses activités et émotions et, à 20h30, elle a subi une contrariété : elle a raté le dernier train pour rentrer chez elle. Elle nous a d'ailleurs expliqué qu'elle était très en colère contre elle-même car elle pensait que le train partait à 20h30, alors que l'horaire de départ était 20h15. Aucun trouble cardiaque n'avait jamais été diagnostiqué chez cette femme et, pourtant, elle a subi à 20h30 un infarctus silencieux, dit aussi « ambulatoire » ou « méconnu » – car sans holter, il serait passé totalement inaperçu.

De nombreuses études utilisant cette technique d'évaluation des effets du stress sur le fonctionnement cardiaque des individus en bonne santé ont indiqué que le stress modifiait le rythme cardiaque et entraînait des ischémies assez graves pour induire un « infarctus silencieux ».

Stress, cholestérol et maladies cardio-vasculaires

La noradrénaline, l'adrénaline et le cortisol ainsi que d'autres hormones aident à mobiliser le glucose et les acides gras stockés dans le corps afin d'augmenter les taux sanguins de glucose, de cholestérol et de triglycérides. Le cholestérol étant le composant principal de la plaque d'athérome, l'hypercholestérolémie constitue un facteur de risque des maladies coronariennes. Certaines études laissent supposer qu'une hypersécrétion de noradrénaline et d'adrénaline provoquerait des lésions de la surface interne de la paroi des vaisseaux qui prédisposeraient en effet à la formation de ces plaques, car elles permettraient au cholestérol de pénétrer dans la paroi des vaisseaux.

On pense communément que le cholestérol alimentaire est le seul responsable de l'hypercholestérolémie, sans savoir que l'hypersécrétion de cholestérol est en fait plus largement due aux périodes de stress qu'à une alimentation trop riche. De nombreuses études ont en effet montré que la cholestérolémie augmentait dans ces moments-là. L'une d'elles a mesuré le taux de cholestérol chez deux groupes de comptables pendant environ six mois. Les participants devaient noter des informations sur leur mode de vie (alimentation, pratique sportive, etc.) ainsi que sur les contraintes et le stress qu'ils subissaient. Les chercheurs ont choisi de se concentrer sur des comptables car ceux-ci travaillent avec des délais précis. L'un des groupes était spécialisé en fiscalité et devait remettre des déclarations en avril tandis que le deuxième, des comptables d'entreprise, avait des dates butoirs à la fin des mois de janvier et d'avril. La figure 12 montre comment leur cholestérolémie a connu des pics coïncidant avec leurs délais : un seul pour les comptables fiscalistes, deux pour les comptables d'entreprise. Tous s'accordaient à dire qu'ils se sentaient stressés, mais ils ne modifiaient quasiment pas leur mode d'alimentation, ni leur pratique sportive.

Tableau tiré et adapté d'un article de Friedman & Rosenman, paru dans *Circulation*,

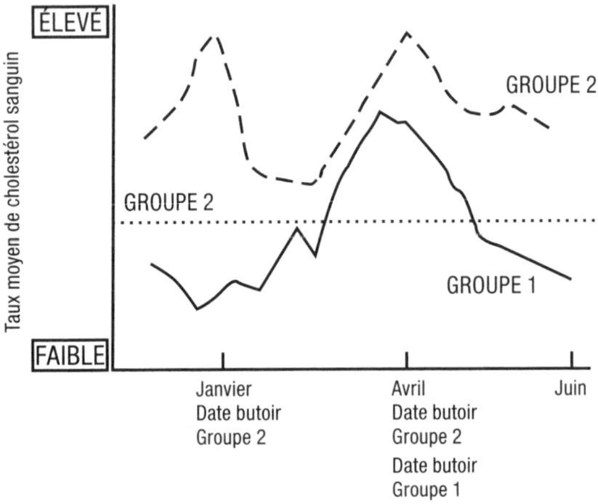

GROUPE 1 : 18 comptables fiscalistes ayant une date butoir en avril

GROUPE 2 : 22 comptables d'entreprise ayant des dates butoirs en janvier et en avril

vol. 17, 1958, p. 852-861.

figure 12 taux moyens de cholestérol sanguin mesurés chez des comptables devant respecter des dates butoirs

Lorsque le taux de cholestérol augmente, le sang devient plus épais, plus visqueux. Il en va de même lorsque la rate libère plus de globules rouges au cours de la réponse au stress. Le cœur doit alors travailler plus intensément pour propulser ce sang épais dans le circuit, et le muscle cardiaque consomme plus d'oxygène. Autre problème : les globules rouges risquent de former un dépôt, qui peut alors boucher un petit vaisseau du cœur ou du cerveau, induisant un infarctus ou un AVC (accident vasculaire cérébral). La réponse au stress joue donc effectivement un rôle dans les maladies cardio-vasculaires (coronaropathies, infarctus mortel, hypertension et AVC) et celles-ci résultent probablement de la conjugaison du stress avec d'autres facteurs : alimentation, cigarettes et comportements de type A (personnes prédisposées au stress, voire chapitre 7).

Réponse au stress et autres troubles ou maladies

Manger alors que le système digestif est partiellement bloqué en raison du stress déclenche entre autres des indigestions, des nausées ou des diarrhées. Le mauvais stress affecte également de nombreux mécanismes d'autoguérison. Un exemple : les lésions de la paroi stomacale cicatrisent normalement assez vite. En cas de stress chronique, ce processus est toutefois ralenti et l'attaque prolongée de la paroi par les acides de l'estomac aboutit à la formation d'un ulcère. Cette situation empirera d'autant plus que la réponse au stress provoque une hypersécrétion d'acides.

Une suractivation peut également être à l'origine d'une perte de poids importante, d'insomnies, d'hyperactivité (se manifestant par des tremblements et des mouvements brusques incontrôlés) ou encore des troubles sexuels. L'anxiété chronique est notamment souvent associée à l'impuissance et à l'éjaculation précoce chez les hommes ou à des problèmes d'orgasme chez les femmes. L'inquiétude en période de recherche d'emploi ou d'examens dérègle aussi parfois le cycle menstruel et diminue la libido, ainsi que la fécondité. On considère que 25 % des cas d'infécondité seraient dus à des facteurs psychologiques.

Les périodes de stress négatif prolongées risquent par ailleurs de déclencher du diabète (l'hyperglycémie persistant une fois le stress terminé). Les endorphines, qui inhibent en temps normal la douleur, étant également moins présentes en cas de stress chronique, les douleurs sont perçues de manière plus flagrante dans des maladies telles que l'arthrite ou l'arthrose. Nous supportons également moins bien les douleurs cervicales et dorsales, les maux de tête et les migraines liées à la tension musculaire qui perdure durant la réponse au stress. Le stress chronique risque par ailleurs de faire basculer sa victime vers un grave état d'anxiété, voire un état dépressif, vers des maladies mentales invalidantes ou une dépression nerveuse pouvant mener au suicide.

6 Stress et efficacité

Dans ce chapitre vous apprendrez :

- comment l'excès de stress peut nuire à l'efficacité ;
- comment le bon stress peut optimiser vos performances ;
- comment le mauvais stress peut entraîner un phénomène de burn-out.

Sans le sentiment stimulant du bon stress associé au défi de la performance physique ou de la mise à l'épreuve de nos capacités intellectuelles et de nos compétences, la vie paraîtrait bien morne. Les situations de stress positives ne provoquent pas habituellement de problèmes de santé, du moins tant que l'énergie de la réponse au stress trouve un bon usage et que l'on se sent aux commandes, capable de relever le défi. Au contraire, un manque de sollicitations ou des pressions excessives (soit une seule grande contrainte, soit plusieurs petites contrariétés dans la durée ou à répétition) peuvent altérer notre capacité à faire face efficacement aux événements, même chez les personnes d'ordinaire bien armées contre les aléas de la vie. Les effets du stress, positifs ou négatifs, sur les performances sont détaillés dans la figure 13.

La courbe de l'efficacité

Un manque de stimulation, de contraintes et de défis entraîne souvent de l'ennui, de la frustration et un sentiment d'inutilité. Une telle situation fait basculer la balance dans la zone négative (mauvais stress ou stress pathogène, voir figure 4, page 25) et diminue les performances à tous les niveaux. De même, un surcroît de demandes peut créer un stress excessif par surcharge de travail, délais trop serrés, contraintes incontournables imposées par d'autres et autres événements stressants de la vie. Face à ces exigences, nous risquons d'avoir l'impression de ne plus rien contrôler, nous commençons à douter de nos capacités, et notre efficacité en souffre – notamment lorsque les tâches à accomplir sont compliquées ou inhabituelles. Ce n'est que lorsque les efforts demandés sont perçus comme entrant dans le cadre de nos compétences que nous nous sentons capables de les faire et que nos performances s'améliorent pour atteindre leur degré optimal. Même les personnes très efficaces le sont inévitablement moins lorsqu'elles sont sous extrême pression et confrontées à un excès de sollicitations. À force de déployer trop d'efforts et de peiner pour aller vers son but, on finit parfois par le manquer. Travailler constamment sous pression (excès de contraintes) n'est donc pas forcément la bonne stratégie (voir figure 13). Cela permet certes de réaliser certains objectifs à court terme mais, sur le long terme, une telle pression a des conséquences sur les performances, la productivité, les relations et la santé de la plupart des gens. Cela revient à rouler avec une voiture sans jamais « passer par la case garage ». Admettons que le réservoir soit toujours plein, le moteur pourrait tourner à l'infini, mais qu'arriverait-il si les roues se dégonflaient ou que les bougies s'encrassaient ? Le moteur perdrait en rendement, fonctionnerait moins bien et, à terme, la voiture tomberait en panne. Certaines personnes se concentrent facilement sur de fortes charges de travail sur une courte période et obtiennent de cette façon des résultats efficaces, mais elles savent aussi quand faire une pause. Elles prennent le temps de se détendre pour recharger leurs batteries.

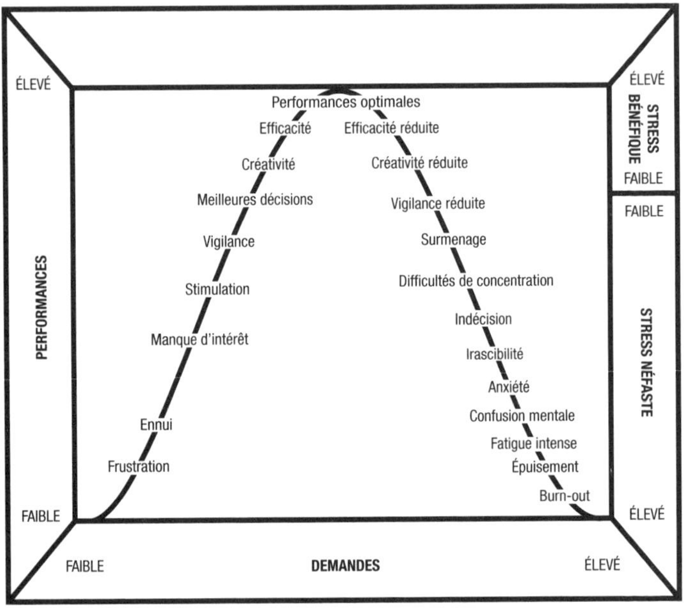

figure 13 stress et efficacité

Performances optimales

Les performances sont à leur maximum dans la partie supérieure de la courbe ascendante. Le stress est alors bénéfique. Là, nous nous sentons stimulés, vigilants, capables de prendre de meilleures décisions, plus créatifs et plus efficaces dans la poursuite de nos objectifs. Ce sont des situations qui correspondent à nos aptitudes, en nombre et en type, car nous sommes capables de toutes les maîtriser.

Sur la pente savonneuse du désastre

Si les sollicitations s'accroissent au-delà de ce point, nos capacités sont mises à mal, et ce de manière trop prolongée. Nos performances commencent à décliner et nous arrivons à la phase descendante de cette courbe. Nous risquons de nous retrouver sur la pente glissante d'un stress néfaste dont nous subissons les inconvénients : anxiété, fatigue chronique, épuisement et dépression, aboutissant parfois au phénomène de burn-out.

Noradrénaline et adrénaline, encore et toujours

Revenons sur le phénomène physiologique du stress et sur les effets de la noradrénaline et de l'adrénaline. Leur influence sur les performances est maintenant claire. La noradrénaline augmente notre vigilance, améliore notre concentration et nos capacités intellectuelles pour l'apprentissage et la prise de décisions. Elle induit une sensation de bien-être. L'adrénaline n'a aucun de ces bienfaits. Lorsqu'elle agit, nous nous sentons mal, avons des trous de mémoire, peinons à nous concentrer et à prendre des décisions. En zone de bon stress, la noradrénaline prédomine. Ne vous inquiétez cependant après avoir lu qu'elle pouvait provoquer des problèmes de santé, voire la mort ! Dans le cas qui nous intéresse, elle est sécrétée en quantité raisonnable de sorte que l'on ressent simplement une certaine confiance en soi, nécessaire face aux aléas de la vie.

La quantité de noradrénaline diffusée dans le corps à cet effet n'est pas dangereuse. Elle ne le devient qu'en cas d'hypersécrétion, par excès de bon stress par exemple. Ceci peut en effet ponctionner les ressources du corps comme le ferait un surplus de situations hyperstressantes.

Les effets du stress au travail

Les méfaits du stress en termes de santé, de performances, de productivité sont nettement visibles au niveau de l'individu. On évalue souvent moins bien leurs conséquences dans le milieu des entreprises. L'absentéisme ou certains troubles liés au stress ainsi que le départ en retraite anticipée d'employés compétents ou leur décès prématuré génèrent des pertes considérables. Ce « prix à payer » ne représente pourtant que la partie visible d'un énorme iceberg financier et il est encore plus difficile d'estimer les coûts du mauvais stress sous sa ligne de flottaison (voir figure 14, page suivante).

Il faut en outre savoir que le stress accroît les risques d'accident. Si les factures s'accumulent à la maison, le salarié s'en inquiétera et cherchera une solution au travail. Il sera donc déconcentré et risquera d'appuyer sur le mauvais bouton !

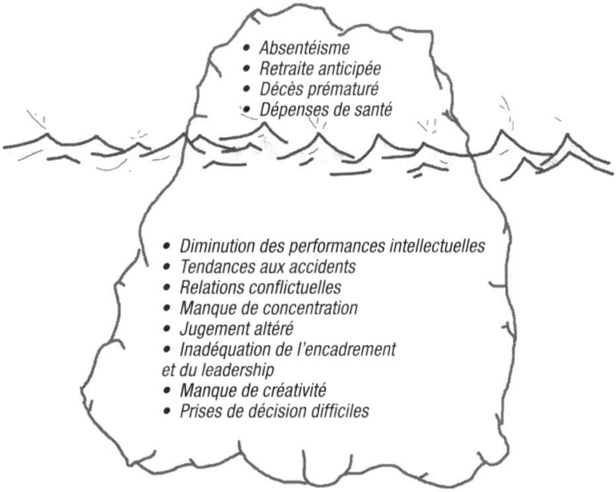

figure 14 l'iceberg du stress

Les ressources humaines sont les plus précieuses qui soient pour une entreprise, et les résultats de celle-ci reflètent en fait la santé mentale et physique, le bien-être, le moral et l'efficacité des salariés. L'entreprise a donc tout intérêt à veiller à leur bonne santé.

Elle peut, pour ce faire, proposer des programmes de formation et de développement de carrière, créer un environnement approprié pour que les employés travaillent en zone de stress positif, plutôt que négatif. Le passage de l'une à l'autre dépend cependant au final de chacun et des diverses composantes de la vie (famille, amis, etc.) tout autant que de l'ambiance au travail. Une bonne identification des sources potentielles de stress (ou stresseurs) contribue à aller dans ce sens.

2

Les sources de stress

Dans ce chapitre vous découvrirez :

- les facteurs qui déclenchent une réponse au stress;
- le profil de type A et ce qui génère du stress inutile;
- le lien entre les aléas de la vie et le stress inutile.

Le stress fait partie intégrante de notre vie et tout peut en être une source. Au final, **il vient pourtant du plus profond de nous**, car il résulte de notre perception des situations et des événements que nous rencontrons. La façon dont nous ressentons les choses dépend en grande partie de nos croyances et de notre attitude face à la vie. En les modifiant, nous pouvons éviter le stress inutile qu'elles créent parfois en nous poussant, sans véritable fondement, à considérer chaque situation comme une menace ou un défi. D'un autre côté, certains événements de la vie sont, par nature, stressants. C'est ce que l'on appelle souvent les aléas de la vie. Ils sont inévitables et nous devons nous adapter pour y faire face.

Nous sommes aussi confrontés au stress dans nos rapports humains, notamment au travail et à la maison. Il est alors souvent associé à des menaces ou défis qui touchent notre amour-propre (au sens premier du terme) et l'image de nous-mêmes que nous renvoyons, notre sécurité et la stabilité de notre emploi et de nos relations.

La nature des sollicitations

Toute sollicitation qui déclenche une réponse au stress est appelée **stresseur**, facteur de stress, voire agresseur ou agression dans certains cas, et c'est notre façon d'appréhender le monde et d'interagir avec celui-ci qui détermine si un objet ou un événement est ou non un facteur de stress pour nous. Certains sont toutefois franchement menaçants pour notre intégrité physique, voire mortels, et tout le monde les perçoit ainsi. Dans ce cas, lorsque nous sommes en danger et disposons de peu de temps pour agir, notre réponse au stress passe rapidement en état d'alarme. La plupart d'entre nous considèrent aussi généralement que les innovations, les changements et les situations inhabituelles constituent des facteurs de stress pour la simple raison que nous n'en avons pas l'expérience. Le type et la quantité de stress éprouvés, de même que le degré d'activation de notre réaction, dépendront de la façon dont nous ressentons la nature de ces sollicitations, contraintes ou menaces. Quelle importance l'événement a-t-il ? Combien de temps va-t-il durer ? À quelle fréquence survient-il ? Dans quelle mesure analyse-t-on clairement ce qui se passe ? Nous étudierons un modèle d'analyse des sollicitations à partir d'un exemple, l'embouteillage, qui constituera le point de départ de la séquence de réponse au stress décrite à la page 36.

Le facteur de stress revêt-il une importance particulière ?

Pour certains, être pris dans un embouteillage ou une circulation dense n'est pas très grave, car perdre du temps n'a aucune importance. D'autres, en revanche, « s'arracheront les cheveux » car cela les met en retard pour une réunion. Ils explosent de colère, invectivent tout conducteur se trouvant sur leur chemin, notamment ceux qui cherchent à couper la file de voitures. On voit bien ici que c'est l'importance du déclencheur qui détermine la qualité de la réponse au stress.

Va-t-il agir longtemps ?

Être coincé dans un embouteillage quelques minutes peut agacer un conducteur déjà en retard pour une réunion ; si le bouchon persiste, il risque de « péter un plomb ». La durée d'action de ces facteurs affecte en effet notre équilibre et l'intensité de la réaction. Certains, tel un entretien d'embauche, durent peu de temps tandis que d'autres s'éternisent, à l'instar des relations conflictuelles.

Se répète-t-il souvent ?

S'extirper d'un embouteillage pour se retrouver à nouveau bloqué dans la circulation a de quoi faire monter la pression. Certains conducteurs rencontrent par ailleurs des bouchons presque chaque jour sur le chemin du travail : accidents, voiture en panne, camion déversant sa cargaison sur la chaussée, etc. La fréquence de ces attentes aura une influence sur l'équilibre du stress et sur le degré d'activation de notre réponse.

Est-il bien défini ?

Un conducteur en retard arrivant dans un embouteillage le traitera immédiatement comme un stresseur s'il ne peut définir le temps qu'il y passera. S'il voit la file de voitures disparaître derrière un virage, il se demandera sur combien de kilomètres elle s'étend. Il s'inquiétera également de savoir ce qu'il arrivera s'il est en retard à la réunion. Beaucoup d'entre nous se soucient des éventuelles conséquences de ceci ou cela. Or, ces pensées constituent une source essentielle de stress.

Profil comportemental de type A

Au milieu des années 1950, deux cardiologues américains ont étudié l'influence que pourrait avoir le stress émotionnel sur les crises cardiaques. Ils ont interrogé des centaines d'industriels et cent médecins qui s'occupaient de patients souffrant de coronaropathies.

À la question « Quelle est, à votre avis, la cause de la crise cardiaque de votre ami/de votre patient ? », la plupart ont répondu : « Le stress. » Les principaux coupables désignés étaient les délais et une concurrence excessive. Fascinés par cette découverte quant à l'impact des émotions sur les coronaropathies, ces deux cardiologues commencèrent à regarder leurs patients d'un autre œil. Non seulement ils prenaient leur tension et analysaient leur cholestérolémie, mais ils étudiaient également tout signe de stress psychologique. Très rapidement, ils constatèrent que nombre de leurs patients coronariens se comportaient de façon similaire. Leurs mouvements, leur élocution ainsi que leur conversation lors des consultations dressaient le portrait caractéristique de personnes courant après le temps, impatientes, excessivement portées sur la concurrence, ambitieuses et facilement irritables. Ces premières observations (de ce que l'on nommera plus tard le profil de type A) sont à la base de recherches plus poussées sur le rapport entre stress psychologique et maladies cardiaques.

À quoi correspond donc ce profil de type A ? Nous venons de voir que notre façon d'interpréter les choses dépend en grande partie de nos croyances, de notre attitude envers la vie et de nos attentes.

Les personnes présentant un profil comportemental de type A ont des croyances, une attitude et des attentes qui les entraînent vers une lutte constante pour le contrôle de leur environnement.

Les personnes dotées de ce profil mettent toute leur énergie à lutter pour dominer les événements. Lorsque ce contrôle leur paraît remis en cause ou qu'elles se sentent psychologiquement menacées ou mises au défi, elles réagissent par un comportement de type A et activent **automatiquement** leur réponse au stress – même s'il n'existe pas de menace ou de défi **réels** dans leur vie. Elles créent inutilement un stress qui les maintient hors de la zone normale d'équilibre, en zone de stress néfaste. Pour ces personnes, les embouteillages, les files d'attente, le tube de dentifrice pressé en son milieu sont des menaces : leur cœur accélère, bat à tout rompre, leur sang coagule plus rapidement, leur taux de cholestérol augmente. Tout cela pour rien. Le corps ainsi prêt pour une réaction physique, le conducteur de type A au volant de sa voiture fulmine ; il ne peut ni sortir de celle-ci et remonter en courant la file de véhicules, ni abandonner le sien pour s'enfuir. Impossible non plus de s'en prendre aux autres usagers de la route.

Pour avoir vraiment conscience de votre stress, il vous faut identifier vos propres comportements de type A. Puisqu'il s'agit de conduites acquises dans votre façon d'interagir avec le monde autour de vous, vous parviendrez ensuite à prendre les mesures adéquates pour les modifier ou les tempérer. Le profil de type A se repère en priorité par un sens constant de l'urgence, une tendance à l'exaspération et à la colère. On le remarque chez les individus qui cherchent à en faire toujours plus en un temps toujours plus court, qui réfléchissent à plusieurs choses à la fois, explosent souvent pour des futilités et sont en général agités, sans cesse occupés, rapides, agressifs, pressés, impatients et irritables. Leur capacité d'écoute est souvent réduite, ils se précipitent, sont en permanence dans la concurrence et ont plus d'ambitions qu'il ne le faut. Les personnes présentant peu de ces traits ont au contraire un profil comportemental de type B. Elles sont calmes, heureuses, équilibrées, faciles à vivre, difficilement irritables, patientes, ne se pressent que rarement et savent écouter.

Au travers du test d'auto-évaluation que vous avez réalisé en début de livre, vous aurez déjà un peu cerné par vous-même quelques comportements de type A. Le questionnaire ci-dessous vous aidera à déterminer plus précisément votre profil.

PROFIL COMPORTEMENTAL DE TYPE A

Pour chaque question, cochez la case correspondant à votre comportement.

	Jamais	Presque jamais	Parfois	Assez souvent	Presque toujours	Toujours
Arrivez-vous en retard à vos rendez-vous ?	☐	☐	☐	☐	☐	☐
Dans une situation de jeu, à la maison ou au bureau, vous battez-vous pour gagner ?	☐	☐	☐	☐	☐	☐
Dans les conversations, anticipez-vous ce que votre interlocuteur va dire (vous hochez la tête, interrompez, finissez les phrases) ?	☐	☐	☐	☐	☐	☐
Vous sentez-vous obligé de faire les choses dans la précipitation ?	☐	☐	☐	☐	☐	☐
Vous montrez-vous impatient dans les files d'attente ou les embouteillages ?	☐	☐	☐	☐	☐	☐

Essayez-vous de faire plusieurs choses à la fois tout en pensant à ce que vous allez faire ensuite ?	☐	☐	☐	☐	☐	☐
Trouvez-vous que vous êtes plutôt rapide lorsque vous mangez, marchez, parlez, conduisez ?	☐	☐	☐	☐	☐	☐
Vous emportez-vous facilement pour un rien ?	☐	☐	☐	☐	☐	☐
Lorsque vous faites une erreur, cela vous met-il en colère ?	☐	☐	☐	☐	☐	☐
Relevez-vous les erreurs des autres, les critiquez-vous ?	☐	☐	☐	☐	☐	☐
TOTAL			☐			

Reportez-vous à lac page 197 pour calculer votre score, puis reportez-le dans la case adéquate en page 102.

La précision de ce test dépend de la sincérité de vos réponses. Notez par ailleurs que les personnes de type A n'ont souvent pas conscience de leurs propres comportements. Prenons l'exemple de la célérité : la plupart de ces personnes trouvent qu'elles ne sont pas aussi rapides qu'elles le souhaiteraient.

Ce questionnaire repose sur quelques caractéristiques classiques du profil de type A. Certaines sont simples à détecter tandis que d'autres, subtiles, sont plus difficiles à associer à des notions telles que l'urgence permanente, les accès de colère ou une attitude générale peu aimable. On qualifie ce comportement selon une échelle de zéro à cent : léger (score de 40 à 59 %), modéré (score de 60 à 79 %), extrême (score de 80 à 100 %). Les personnes présentant peu de ces caractéristiques sont dites de type B (score inférieur à 39 %). Quelqu'un présentant fréquemment et à l'excès un grand nombre de ces caractéristiques peut être considéré comme ayant un profil de type A extrêmement développé. Après enquête auprès de 5000 personnes à l'aide d'un questionnaire similaire, il s'est avéré que 10 % des participants étaient de type B, 80 % de type A modéré, et 10 % de type A extrême.

Les caractéristiques du type A

Vous trouverez ci-après quelques exemples, habituels mais aussi extrêmes, qui vous aideront à identifier les comportements de type A.

Dans son ardeur à tout dominer, le type A devient un véritable « affolé de la pendule ». Pour caser toujours plus de choses en moins de temps, il adopte deux stratégies. Tout d'abord, il se dépêche en permanence : il mange vite, marche vite, conduit vite et parle vite. Certains poussent leur hâte à son extrême. Plusieurs hommes nous ont ainsi avoué se raser avec deux rasoirs électriques simultanément. Une journaliste admettait de son côté en entretien qu'elle utilisait deux sèche-cheveux en même temps pour se coiffer. Aussi incroyable que cela puisse sembler pour des personnes de type B, et également pour certaines de type A, cela n'est rien comparé à cet homme qui mixait tous ses repas afin de les avaler plus rapidement.

Non contents de disposer de précieuses minutes supplémentaires grâce à leur première stratégie, les types A en appliquent une seconde : celle du comportement multitâche. Ils font toujours au moins deux choses à la fois : se lavent les dents ou se rasent tout en prenant leur douche, parlent de quelque chose tout en continuant à écrire sur un autre sujet. En route pour le travail, les hommes se raseront en voiture, tandis que les femmes retoucheront leur maquillage. Et tous deux prendront leur petit déjeuner au volant ou liront le journal dans les embouteillages. Si leur profil de type A est extrême, ils considèrent même comme un défi personnel de caser le plus d'activités possible en un temps record. Nous avons aussi entendu parler d'un homme d'affaires californien qui avait installé une tablette dans ses toilettes afin de continuer à travailler pendant qu'il était appelé à satisfaire ses besoins naturels. Aujourd'hui, il y aura peut-être installé un téléphone-fax, avec casque pour avoir les mains libres ! Notez que cela serait assez logique puisque les personnes de type A ignorent souvent leur corps et « l'appel de la nature » jusqu'au dernier moment. Elles souffrent de ce fait plus que d'autres de constipation, ce qui les rend encore plus furieuses contre tout ce temps perdu au petit coin !

Or, les neuroscientifiques supposent que notre cerveau est saturé de messages neuronaux lorsque nous essayons de faire trop de choses à la fois. La stratégie du multitâche risque donc surtout de nous faire commettre plus d'erreurs, de diminuer notre efficacité, voire de nous mettre, nous-mêmes ou les autres, en danger – notamment sur la route.

Pour « M. ou Mme A », les files d'attente sont insupportables. Il ou elle cherchera toujours à les éviter, que ce soit à la poste, à la banque, au feu rouge, à la station-service ou dans les magasins. Prenons le cas d'une personne de profil A extrêmement développé dans un supermarché. Certes, personne ne songerait à s'engager dans la file d'attente la plus longue, mais notre type A, pour sa part, réalisera mille calculs avant de décider où faire la queue. Il comptera le nombre de clients à chaque caisse, le multipliera par le nombre d'articles par chariot ou panier. Bien sûr, nous sommes nombreux à faire de même, mais notre type A va plus loin : il calcule l'efficacité de la caissière. Enfin, sa décision est prise : il se place dans la file la « plus rapide ». Au lieu de patienter tranquillement, il prend ses repères par rapport à d'autres clients pour savoir s'il a fait le bon choix. Il commencera à sécréter un peu trop de noradrénaline en constatant que ses « repères » avancent plus vite que lui (« Pourquoi est-ce que je choisis toujours la mauvaise file ? »). Son taux de noradrénaline atteindra des sommets lorsque la personne devant lui, qui voulait payer par carte, s'apercevra qu'elle a oublié son code… il explosera ensuite si la caisse « arrive au bout du rouleau ». Notre homme finira par quitter le magasin en colère contre lui et étanchera rapidement sa soif de vengeance sur ses proches. Forts de leur expérience, les individus de type A ont là aussi développé des stratégies : l'un d'eux nous racontait un jour qu'il préférait prendre jusqu'à six sacs dans lesquels il mettait moins de dix objets afin de pouvoir passer à la caisse express, et payer en six fois.

Type A et agressivité

Si les supermarchés sont propices aux confrontations pour le profil de type A, la route est un terrain miné où les mauvais côtés de nos types A extrêmes éclatent au plein jour. Ces derniers ont en effet une tendance prononcée à conduire le plus vite possible, à brûler les feux rouges, à faire des démarrages dignes de grands prix dès que le feu passe au vert, mais aussi à coller aux autres véhicules et à les dépasser dès que possible, voire lorsque le dépassement est *a priori* impossible. Dans les embouteillages, ils changent de voie de manière compulsive, prennent des itinéraires *bis* ou *ter* pour éviter tout ce qui ressemble de près ou de loin à un bouchon, et ce sans même savoir bien souvent où les mènera leur « raccourci » !

Un homme nous raconta un jour que le choix de la file dans les embouteillages était pour lui un combat permanent : « Si je voyais une voiture trop lente ou un camion, je m'en éloignais à toute vitesse. » Sa stratégie réussissait si bien qu'il arrivait finalement en avance à son rendez-vous et devait patienter dans sa voiture !

L'un des participants à nos stages nous décrivit aussi un covoiturage : son collègue conducteur de type A invectivait sans cesse les automobilistes (allant même jusqu'à baisser la vitre pour mieux se faire entendre), leur faisait des appels de phare et klaxonnait. Notre stagiaire jurait qu'on ne l'y reprendrait plus. Mais une semaine plus tard, il revenait nous raconter un voyage encore plus étonnant : « Vous ne me croirez pas, c'est moi qui conduisais cette fois-ci. Eh bien, mon collègue faisait les appels de phares *à ma place*, et a même baissé *ma* vitre électrique *en me hurlant* d'insulter ces "chauffards" ! »

Tout cela est pourtant bénin comparé à ces excités qui sortent un fusil quand la discorde tourne au vinaigre, et blessent ou abattent leur interlocuteur sur le bord de la route. De telles rages défraient malheureusement aussi bien les chroniques de Californie que celles d'Europe. On a vu déjà des automobilistes se faire agresser parce qu'ils ne se laissaient pas dépasser, ou parce qu'ils laissaient au contraire une mère traverser au passage piéton avec un landau alors que le feu venait de passer au vert. Et puis, il y a l'éternel problème du parking, lieu de toutes les confrontations dès lors que deux personnes convoitent la même place. L'atmosphère se remplit d'une agressivité et d'injures similaires lorsque deux voitures veulent passer à un endroit où elles ne peuvent se croiser.

L'impossibilité d'avancer à son allure et la perte d'un temps si précieux déclenchent généralement l'agressivité des personnes de type A. Cela reflète leur propension à s'emporter pour un rien, ou à se mettre en colère aux moindres petites erreurs, les leurs comme celles de leur entourage. Les types A éclatent par exemple de colère si le tube de dentifrice n'est pas pressé par son extrémité mais au milieu. Nous avons même eu le cas d'un patient cardiaque faisant une seconde crise parce que sa femme avait monté le rouleau de papier toilette dans le mauvais sens sur son support : « Combien de fois est-ce que je t'ai déjà dit que… », hurlait-il en brandissant le papier incriminé. Sa seconde crise ne lui a heureusement pas été fatale. Nous vous entendons d'ici vous demander : « Mais enfin, de quel sens parlait-il ? » Or, comme nous le savons tous, il n'y a qu'un seul « bon sens » pour ces fichus rouleaux ! Le papier toilette doit ressortir par le haut et l'avant. Du moins, à en croire notre homme puisque : « On ne voit pas les motifs s'il ressort par l'arrière du support. » Cela dénote une autre caractéristique des types A : ils pensent toujours avoir raison.

Irascibilité, colère et agressivité portent tort à la personne à laquelle on penserait le moins : nous-même. La noradrénaline sécrétée dans de tels moments peut être fatale. Notre message sera donc clair :

arrêtez de démarrer au quart de tour; modifiez vos croyances et votre attitude pour limiter les comportements de type A totalement déplacés. Nous vous indiquerons au chapitre 13 comment y parvenir.

Il est parfois difficile de saisir pourquoi de telles futilités enclenchent le compte à rebours d'un terrible courroux. L'un de nos stagiaires se remémorait sans cesse l'état d'exaspération dans lequel il se mettait à la simple idée de devoir tondre la pelouse. Un jour, sa femme entendit un bruit et sortit dans le jardin pour y trouver son mari en train de fracasser la tondeuse contre le pilier en béton de l'étendoir. Le jardin était jonché de morceaux de tondeuse et il hurlait : « Cette foutue tondeuse n'arrête pas de caler. » Sa femme lui fit simplement remarquer qu'il avait acheté cet outil récemment et qu'il était sûrement encore sous garantie ! Vu la scène, on aurait pu croire que le jardin faisait au moins un demi-hectare, alors qu'il ne mesurait qu'une dizaine de mètres carrés.

Nous espérons que de telles descriptions vous aideront à identifier chez vous-même et chez d'autres ces comportements de type A. On les retrouve souvent chez des gens ayant un fort esprit de compétition, ambitieux, qui s'investissent beaucoup dans ce qu'ils font. Leur capacité d'écoute est très faible, ils interrompent les conversations, hochent la tête pour presser leur interlocuteur et ramènent aussi dès que possible la conversation à eux. Ils se citent souvent en référence, ce que l'on remarque tout de suite par l'emploi de l'expression « moi, je », ou encore par les pronoms tels que « mon », « le mien ». Ils décrivent aussi fréquemment les choses avec force détails, inutiles, et font une fixation sur les chiffres et les quantités, leurs résultats au travail et dans tout ce qu'ils font en général.

Type A et addiction au travail

Nous avons demandé à une femme médecin de nous décrire brièvement sa vie : « J'ai été la plus jeune femme médecin affectée à l'hôpital de [...]. J'ai un cabinet privé qui marche très bien et j'ai publié plus de 120 articles dans des revues scientifiques. Je donne des conférences dans le monde entier... » Une fois son récit terminé, nous avons poursuivi la conversation : « Vous avez mentionné au début que vous étiez mariée et que vous aviez des enfants, mais vous n'en avez pas reparlé par la suite. » Or, nous avons découvert qu'elle avait déplacé son ordinateur dans le salon pour pouvoir travailler en tenant malgré tout compagnie à son mari.

Les personnes de type A ont du mal à croire que leur façon de faire est contre-productive. Les types B s'accordent plus de temps et d'espace pour laisser parler leur créativité et être plus efficaces sur le long terme, en progressant petit à petit tout au long de leur carrière. Contrairement aux idées reçues, ces personnes-là sont également ambitieuses et savent être compétitives, mais elles s'y prennent autrement pour atteindre leur but, et sans en souffrir dans leur chair. Leurs relations familiales et leur vie sociale sont de coutume plus épanouies.

Les types A sont plus enclins à une certaine dépendance addictive vis-à-vis du travail, et les vrais « prisonniers du boulot » souffrent immanquablement de problèmes relationnels dans leur couple et leur famille. Comme ils se battent pour leur réussite professionnelle, ils doivent travailler toujours plus pour atteindre leurs objectifs. Rien de pire pour s'attirer les foudres du mauvais stress. Répondez au questionnaire ci-dessous pour savoir si vous tombez ou non dans cette catégorie.

VOTRE ATTITUDE FACE AU TRAVAIL – ÊTES-VOUS UN ACCRO DU BOULOT ?

	OUI	NON
Rapportez-vous du travail à la maison le soir ?	☐	☐
Réfléchissez-vous souvent à vos problèmes de travail à la maison ?	☐	☐
Travaillez-vous volontairement tard le soir ?	☐	☐
Vos soucis professionnels affectent-ils votre sommeil ?	☐	☐
Votre famille et vos amis se plaignent-ils de vous voir trop peu ?	☐	☐
Trouvez-vous difficile de vous détendre et d'oublier votre travail ?	☐	☐
Trouvez-vous difficile de dire « non » au travail ?	☐	☐
Trouvez-vous difficile de déléguer certaines tâches ?	☐	☐
L'estime que vous avez de vous dépend-elle en majeure partie du travail ?	☐	☐
RÉSULTAT	☐	☐

Reportez-vous à la page 198 pour calculer vos points et analyser votre score. Notez aussi celui-ci dans la case adéquate en page 102.

Une femme nous a parlé de son mari, drogué du boulot. Il avait annulé une semaine de vacances en gîte en raison de ses engagements professionnels, puis la famille partit enfin pour les Cornouailles, via le bureau de Monsieur… où elle attendit près de deux heures dans la voiture sur le parking. Le mardi soir, le mari annonça qu'il avait arrangé un rendez-vous pour le lendemain. Il revint en Cornouailles le jeudi, à l'aube. En rentrant de ce séjour, il insista pour passer à nouveau par le bureau. L'attente ne fut que d'un peu plus d'une heure ! Et ce n'était pas la première fois que les vacances familiales tombaient ainsi à l'eau. La femme en avait conclu : « C'est simple, on ne repartira plus jamais avec lui en vacances ! »

Les gens ayant un profil de type A ont très fréquemment du mal à déconnecter du travail pour se détendre. Ce sont eux qui reviennent de la Costa del Sol avec trois rides blanches sur le front tant ils se sont fait de souci sur la plage, eux encore qui appellent le bureau tous les jours ou casent des dossiers à terminer entre les bermudas. Ils se sentent aussi obligés de rapporter du travail à la maison le soir et ne sont satisfaits que lorsque leur sacoche craque aux coutures sous le poids des dossiers.

Les types A disent souvent qu'ils travaillent mieux sous pression. Cela signifie en fait qu'ils sont « accros » à la noradrénaline. Cette dépendance physique procure un sentiment de confiance et d'allégresse qui les pousse à rechercher des situations de défi afin de maintenir leur taux de noradrénaline à un niveau suffisant.

Êtes-vous également drogué à cette hormone ? Voici quelques signes de dépendance à cette drogue :

- esprit en constante réflexion ;
- difficulté à trouver le sommeil ;
- forte tabagie ;
- consommation élevée de caféine ;
- accumulation d'activités, voire hyperactivité.

Type A et santé

On suppose que l'hypersécrétion de noradrénaline de manière fréquente et prolongée accroît les risques de maladies cardiaques, d'hypertension artérielle, de migraines et d'ulcères. Les personnes de type A ont tendance à réagir de manière disproportionnée aux défis, aux menaces ou à toute situation exigeant des efforts. Cela entraîne une suractivation du système nerveux sympathique, qui libère alors trop de noradrénaline. Les dangers de cet excès ont été expliqués au chapitre 5.

Ce stress auto-induit déforme malheureusement la perception du monde si bien que les types A ne comprennent pas ce qui leur arrive. Tous ne succombent pourtant pas à ses méfaits. Des chercheurs ont avancé l'hypothèse d'un facteur lié à la personnalité, la « résistance au stress », qui entrerait en jeu pour minimiser les conséquences sur la santé. Les personnes ainsi endurcies considèrent certaines situations non pas comme des menaces mais comme des défis à relever. Elles s'engagent à fond dans ce qu'elles doivent accomplir et ont confiance en leur capacité à maîtriser les choses. Les situations stressantes de la vie deviennent des opportunités de développement et de croissance. La relation entre résistance au stress et santé doit cependant être encore clarifiée par de plus amples recherches.

Ce stress négatif généré par les comportements de type A peut être évité en modifiant nos croyances, notre attitude face à la vie et nos habitudes. Nous verrons tout cela au chapitre 13.

Les événements de la vie

Certains facteurs de stress sont inévitables et nous affectent plus ou moins tous. C'est ce qu'on appelle les événements ou aléas de la vie. Il s'agit par exemple des périodes de deuil ou des moments rendus difficiles par la maladie ou un accident nous affectant, nous-mêmes ou nos proches. Nous traversons aussi parfois de mauvaises passes liées aux mésententes dans le couple, aux soucis des enfants, à des difficultés financières ou à des conflits au travail. Certaines situations nous obligent également à nous adapter en déménageant, en changeant de travail ou d'école pour les enfants. Notre réponse au stress s'active alors pour nous aider à faire face à ces mutations, événements ou véritables crises. La recherche a cependant montré que lorsque les malheurs s'accumulent sur une courte période, nos capacités d'adaptation et de réaction finissent par s'épuiser et peuvent mener à des problèmes de santé.

Complétez le questionnaire page suivante pour savoir si les aléas de la vie soumettent votre santé à plus de risques que d'ordinaire.

Lorsque vous calculerez vos points en vous reportant à la page 199, vous verrez que chaque événement est noté sur une échelle de zéro à cent. Celle-ci est calculée en fonction du degré d'adaptation exigé par la situation, la note moyenne de 50 points étant attribuée au mariage. Cette échelle a été mise au point par des chercheurs américains dans le cadre d'une étude sur les divers degrés d'adaptation nécessaires chez l'homme. Pour composer leur questionnaire, ils ont retenu les 43 événements considérés comme les plus courants et les plus stressants. Vous remarquerez que si certains, tels la maladie ou le deuil, causent de véritables traumatismes et sont logiquement associés à du mauvais stress, d'autres, tels le mariage, la naissance d'un enfant ou un déménagement, sont en général plutôt classés dans les moments heureux mais nous demandent quelques efforts d'adaptation. Comme il fallait s'y attendre, la plupart des gens considèrent que le décès du partenaire correspond au maximum de points, tandis qu'en bas de l'échelle, la célébration de Noël ne compte que pour 12 points et les infractions mineures pour 11. Les recherches ont montré que les personnes accumulant beaucoup de points l'année précédant ce test risquent plus que d'autres de tomber malades au cours des deux prochaines années.

Même si ces bouleversements sont inévitables, nos croyances et notre attitude envers la vie influent grandement sur la manière dont nous les percevons et sur le degré de stress que nous ressentirons. Par exemple, même si le deuil est l'un des principaux facteurs de stress, la foi peut permettre d'en réduire l'impact.

ÉVÉNEMENTS DE LA VIE

Cochez les événements survenus dans votre vie au cours des 12 derniers mois, puis reportez dans les cases correspondantes les scores indiqués à la page 199. Faites le total et inscrivez-le au bas du tableau ainsi que dans la case correspondante en page 102.

	Cochez	Nb de points		Cochez	Nb de points
Décès du/de la conjoint(e)	☐	☐	Départ d'un enfant	☐	☐
Divorce	☐	☐	Problème avec la belle-famille	☐	☐
Séparation d'avec votre partenaire	☐	☐	Réussite personnelle exceptionnelle	☐	☐
Séjour en prison	☐	☐	Début ou fin d'un contrat de travail pour votre partenaire	☐	☐
Décès d'un membre de la famille proche	☐	☐	Début ou fin de la scolarité pour un enfant	☐	☐
Accident ou maladie	☐	☐	Modifications des conditions de vie	☐	☐
Votre mariage	☐	☐	Modifications des habitudes personnelles	☐	☐

Avertissement ou mésentente au travail			Problème avec votre supérieur ou votre employeur		
Réconciliation conjugale			Modification des horaires et des conditions de travail		
Mise à la retraite			Déménagement		
Problème de santé dans la famille			Changement d'école pour l'un de vos enfants		
Grossesse			Modification des loisirs		
Troubles sexuels			Modification des activités spirituelles/religieuses		
Arrivée d'un nouveau membre dans la famille			Modification de la vie sociale		
Changements importants au travail ou dans les affaires			Souscription d'un petit crédit		
Modification de votre situation financière			Modification des habitudes de sommeil ou de repos		
Décès d'un ami			Changement du nombre de réunions familiales		
Nouvel emploi ou nouveau poste			Modification des habitudes alimentaires		
Accumulation des disputes conjugales			Vacances		
Souscription d'un gros crédit			Noël (approche des fêtes de fin d'année)		
Saisie de biens/surendettement			Infractions mineures		
Changements de responsabilités au travail			**TOTAL**		

Échelle adaptée de l'article « The Social Reajustment Rating Scale » par Holmes et Rahe, paru dans le *Journal of Psychosomatic Research*, 1967, vol. 11.

Famille, travail et vie sociale

Nous partageons généralement notre temps en trois : un premier tiers pour le travail, un deuxième pour dormir et un dernier pour la famille et les amis; et nous pensons pratiquement tous que la majorité des tensions découle des relations avec autrui, aussi bien en famille qu'au travail ou dans la vie sociale en général. Revenez à la liste des événements de la vie et constatez par vous-même combien ils y sont souvent liés : manque d'harmonie dans le couple, problèmes avec les enfants, mais aussi avec les voisins, l'employeur ou les collègues. Remarquez également qu'un certain nombre sont associés au travail. L'activité professionnelle est en fait citée comme la source numéro un de stress néfaste, et ce pour diverses raisons dont celles de la liste, non exhaustive, ci-dessous :

- surcharge (avoir tout simplement trop à faire);
- tâches à exécuter en un temps limité, voire dans des délais impossibles à respecter;
- perception de nos compétences et confiance en nos capacités à les utiliser à bon escient;
- description de poste et de rôle mal définis;
- modification des procédures;
- manque de communication (ne pas savoir ce qui se passe et ne pas se sentir intégré au groupe).

Parfois, certaines contraintes nous sont imposées et nous nous sentons alors sous pression, sans contrôle sur notre vie. Pour définir votre degré d'épanouissement professionnel, répondez au questionnaire pages 95-96 sur le stress au travail. En temps normal, un manque de satisfaction sur certains points n'est pas obligatoirement une grande source de stress, c'est pourquoi ce test vous demandera d'évaluer ces divers aspects au travers de la perception que vous en avez.

Le simple fait de répondre vous aidera à réfléchir aux points qui vous choquent dans votre métier, ce qui est déjà un premier pas. À l'aide des stratégies présentées dans la deuxième partie, vous serez ensuite mieux à même de résoudre ces problèmes.

Les « stressés du boulot » se « mettent » aussi parfois eux-mêmes la pression : objectifs irréalistes, désir de tout changer en trop peu de temps. Prendre du recul et se demander d'où vient son stress est ici d'une grande utilité. En demandez-vous trop à ceux qui vous entourent ? Vous stressez-vous pour rien ? Êtes-vous un « bourreau de travail » ?

Vous avez peut-être l'impression que votre mauvais stress provient uniquement du travail ou de la famille, alors qu'il découle probablement d'un mélange des deux. En effet, même les disputes familiales et les soucis financiers personnels peuvent entraver l'efficacité au travail. Nous sommes moins concentrés sur le travail ; et erreurs ou accidents sont alors vite arrivés. Nous sommes également moins en mesure de supporter les inévitables contrariétés et pressions inhérentes à notre emploi. À l'inverse, une vie familiale sans gros nuages contribue généralement à faire évoluer plus facilement notre carrière. Malheureusement, la journée d'enfer au bureau, où des situations mettant en jeu confiance et estime de soi se sont accumulées, peut se poursuivre à la maison. Le moindre petit accrochage risque ensuite de déclencher les hostilités avec le partenaire ou les enfants.

Avant de comprendre ce qui se passe, nous sommes ainsi entraînés dans une spirale infernale, où la situation ne fera qu'empirer. C'est pourquoi nous vous proposons d'apprendre à vous occuper de votre stress, de vous-même et de vos relations avec votre entourage. N'oublions pas que notre famille, notre vie sociale, et le travail sont aussi des sources de joies, d'amour, de soutien et de motivation, qui peuvent nous apporter la confiance et la sécurité dont nous avons besoin pour nous maintenir hors des zones de stress néfastes, voire pour nous orienter vers la zone bénéfique.

LE STRESS AU TRAVAIL

Donnez une note à chaque aspect de votre travail en fonction du mauvais stress que vous ressentez. Faites le total des points dans la dernière case, puis reportez-vous à la page 199 pour analyser votre score.

BARÈME

0 = aucun stress
1 = légèrement stressant
2 = assez stressant
3 = très stressant
4 = extrêmement stressant

Aspect de votre travail	Nb de points
Conditions physiques d'exercice (aération des locaux, bruit, éclairage, chaleur, etc.)	☐
Liberté de choisir votre travail	☐

Liberté de poursuivre votre travail comme bon vous semble	☐
Collègues	☐
Reconnaissance de la qualité de votre travail	☐
Nombre de supérieurs hiérarchiques	☐
Votre supérieur hiérarchique direct	☐
Vos responsabilités	☐
Rémunération	☐
Possibilité d'utiliser vos compétences	☐
Relations syndicales	☐
Chances de promotion	☐
Gestion de l'entreprise/du service	☐
Reconnaissance de vos suggestions	☐
Horaires et nombre d'heures de travail	☐
Diversité des tâches	☐
Sécurité de l'emploi	☐
Autres aspects	☐
TOTAL	☐

Deuxième partie

Face au stress

8

Préparation d'un plan de gestion personnelle du stress

Dans ce chapitre vous apprendrez à :

- organiser un plan de gestion personnelle du stress pratique à appliquer;
- surveiller les manifestations et symptômes du stress pour mieux y répondre;
- évaluer vos facteurs de stress pour mieux vous organiser.

Faire face au stress implique deux sortes d'actions : une « lutte antifeu » en urgence et *à court terme* qui implique de savoir réagir dès qu'un facteur influe de manière trop intense sur vous, et une prévention *à long terme* consistant à adopter un style de vie qui minimise ses effets négatifs. Dans les deux cas de figure, il est bon de s'appuyer sur des connaissances et une expérience *ad hoc*. Il existe pour cela de nombreuses techniques. Plus votre palette d'outils sera grande et plus vous serez à même de désamorcer les pressions. Chacun est par ailleurs plus efficace contre un type de stresseurs donné. En jouant sur cette diversité, vous vous construirez une expérience personnelle qui facilitera votre développement personnel. Une planification préalable vous aidera à esquiver autant que possible les éventuelles périodes de mauvais stress. Cette prévention est à la base de ce que nous prônons : l'adoption d'un **plan de gestion personnelle du stress (PGPS)**, tel que décrit au chapitre 15, qui pourra même vous éviter d'affronter certains *stresseurs* potentiels. Ce chapitre vous guidera dans sa *préparation*. Il couvre une période de douze semaines et propose des méthodes variées que nous décrirons des chapitres 9 à 14.

Synthèse du test d'auto-évaluation

Vous avez assimilé la première partie de ce livre et rempli ses questionnaires. La synthèse de vos résultats qui va suivre constituera le point de référence à partir duquel bâtir votre plan de gestion personnelle du stress.

Manifestations et symptômes

Reportez sur la figure 15 les résultats du questionnaire « Manifestations et symptômes » rempli aux pages 58-59. Repérez ensuite les trois signes atteignant les scores les plus élevés et reportez ces chiffres dans le tableau.

Leur identification vous aidera à surveiller vos réactions à toute sollicitation ou contrainte de ce type car ces signaux d'alerte sont révélateurs de vos capacités à faire face. Réfléchissez à la cause de vos tensions internes en partant de ces données. Ces résultats vous serviront également à comprendre l'efficacité des stratégies que vous mettrez en place. Comme le suggère le chapitre 15, vous pourrez reprendre ces questionnaires de temps à autre pour vérifier votre degré de stress.

Date :

Résultats du test « Manifestations et symptômes » : ☐

Manifestations et symptômes clés :
Les trois manifestations et symptômes atteignant les plus hauts scores :

1. ....
....
2. ....
....
3. ....
....

figure 15 synthèse de l'auto-évaluation de mes manifestations et symptômes

La gestion du stress est un processus dynamique. Les contraintes varient en permanence. Pour prendre un bon départ, il convient d'analyser d'abord la situation actuelle pour identifier vos principaux facteurs de stress. Reportez-vous pour cela aux questionnaires que vous avez remplis, notez leurs résultats et, comme indiqué à la figure 16, en page suivante, choisissez les trois éléments les plus importants dans chacun d'eux.

Choisissez maintenant dans cette liste (figure 16) vos *trois facteurs clés généraux* et répertoriez-les à la figure 17.

Votre **plan de gestion personnelle du stress (PGPS)** est prévu pour une période de douze semaines. Vous trouverez au chapitre 15 un guide qui vous montrera comment l'appliquer, semaine après semaine, et comment évaluer vos progrès. Il traitera principalement ces trois facteurs clés de votre vie. Vous en détecterez sans doute de nombreux autres, que vous aimeriez tout autant déjouer. Toutefois, pour s'attaquer efficacement au stress, il est nécessaire de se concentrer sur deux ou trois points à la fois, pas plus.

Il est également important de comprendre que vos facteurs de stress peuvent en fait découler de votre perception, c'est-à-dire de votre façon d'évaluer une situation. Votre plan de gestion personnelle du stress vous aidera alors à utiliser certaines techniques pour changer de point de vue. Vos croyances et vos attentes s'en trouveront modifiées, de sorte que certaines situations ou certains événements vous apparaîtront moins menaçants.

Date :

Pour chaque questionnaire rempli, inscrivez le total de points. Identifiez ensuite les trois facteurs de stress les plus significatifs dans chaque cas.

Profil comportemental de type A (page 84) Total	**Attitude face au travail** (page 89) Total	**Événements de la vie** (page 92) Total	**Stress au travail** (page 95) Total

Principaux facteurs de stress personnels détectés par chaque test :

1.	1.	1.	1. ....
2.	2.	2.	2. ....
3.	3.	3.	3. ....

figure 16 synthèse de mes facteurs de stress personnels

Date :

1. ....
....
2. ....
....
3. ....
....

figure 17 mes trois facteurs clés

Vous venez de préparer le travail de base nécessaire à l'organisation de votre plan de gestion personnelle du stress. Il s'agit maintenant de le mettre en application. **Pour cela, il est préférable de connaître les diverses techniques qu'il utilisera.** Pendant la lecture des chapitres qui vont suivre et qui vous aideront à travailler sur vous-même, gardez toujours en tête vos trois facteurs clés. Certaines de ces méthodes traiteront les pressions, sollicitations et contraintes générales, tandis que d'autres seront plus axées sur des agressions spécifiques. **Le chapitre 15 vous guidera également dans votre planification.**

Les diverses techniques influant sur la réponse au stress présentées dans la deuxième partie s'attachent aux points suivants :

- modifier les contraintes ;
- apprendre à se relaxer ;
- revoir son mode de vie ;
- modifier ses comportements de type A ;
- trouver plus de soutien et d'amour ;
- renforcer son estime de soi ;
- rechercher l'humour et les moments de rire.

Les conseils ci-dessus ne représentent qu'un petit nombre de techniques ou thérapies efficaces contre le stress.

Nous avons également choisi de vous en proposer d'autres en annexe 2, car nous savons qu'elles ont également un impact et constituent par conséquent une source d'informations importante pour l'élaboration de votre plan. Ces méthodes supplémentaires sont les suivantes :

- thérapie comportementale et cognitive ;
- programmation neurolinguistique (PNL) ;
- hypnose ;
- musicothérapie ;
- aromathérapie ;
- nutrithérapie orthomoléculaire.

Gérer son stress ne doit pas forcément se limiter à utiliser des thérapies, techniques ou produits officialisés, reconnus et cités ci-dessus. Un simple ajustement au quotidien de vos activités peut également y contribuer. Toute astuce qui fonctionne pour vous est bonne à prendre tant qu'elle est légale et respecte votre entourage.

6

Améliorer ses capacités à faire face

Dans ce chapitre vous découvrirez :

- le moyen d'évaluer vos capacités à faire face;
- des outils pour renforcer celles-ci;
- des astuces pour équilibrer capacités et sollicitations.

Pour maîtriser efficacement son stress, il est nécessaire de savoir d'ajuster son équilibre afin de le maintenir dans la zone normale (voir première partie, chapitre 2), ou autour de celle-ci, c'est-à-dire afin de ne pas laisser la balance basculer trop loin, trop longtemps et trop souvent dans les zones de stress néfaste et de permettre au contraire qu'elle s'aventure plus facilement en zone de bon stress et qu'elle s'y maintienne. Pour cela, il faut adapter les poids portés par chaque plateau en agissant soit sur celui des sollicitations, que l'on allégera, soit sur celui des capacités, que l'on complétera (voir figure 18, pages suivantes).

Maintenant que vous avez lu la première partie de cet ouvrage, vous savez que **prendre conscience des effets du stress constitue déjà l'un des moyens les plus efficaces pour lutter contre celui-ci. Vous parvenez désormais à détecter les conséquences de vos réactions sur votre corps. Vous reconnaissez les manifestations physiques et psychiques de la suractivation de votre réponse au stress et vous devez également pouvoir comprendre comment cela se répercute sur votre santé et votre efficacité. Par ailleurs, vous êtes probablement capable d'identifier les sources de stress qui vous gênent personnellement.**

Vous êtes donc à même de réfléchir sur vos propres tensions internes pour apprendre à mieux les gérer. Il existe pour ce faire différentes techniques et nous vous décrirons ici celles que nous trouvons les plus utiles et les plus efficaces. Bien entendu, certaines se recoupent et il est normal que divers conseils et informations se répètent dans les pages qui vont suivre. Loin d'être gênant, cela mettra l'accent sur des points essentiels, sur les liens existant entre ces méthodes et sur la démarche globale que nous prônons.

Avant de commencer à vous entraîner à maîtriser votre stress, prenez le temps d'évaluer vos capacités à faire face en répondant au questionnaire en page 108.

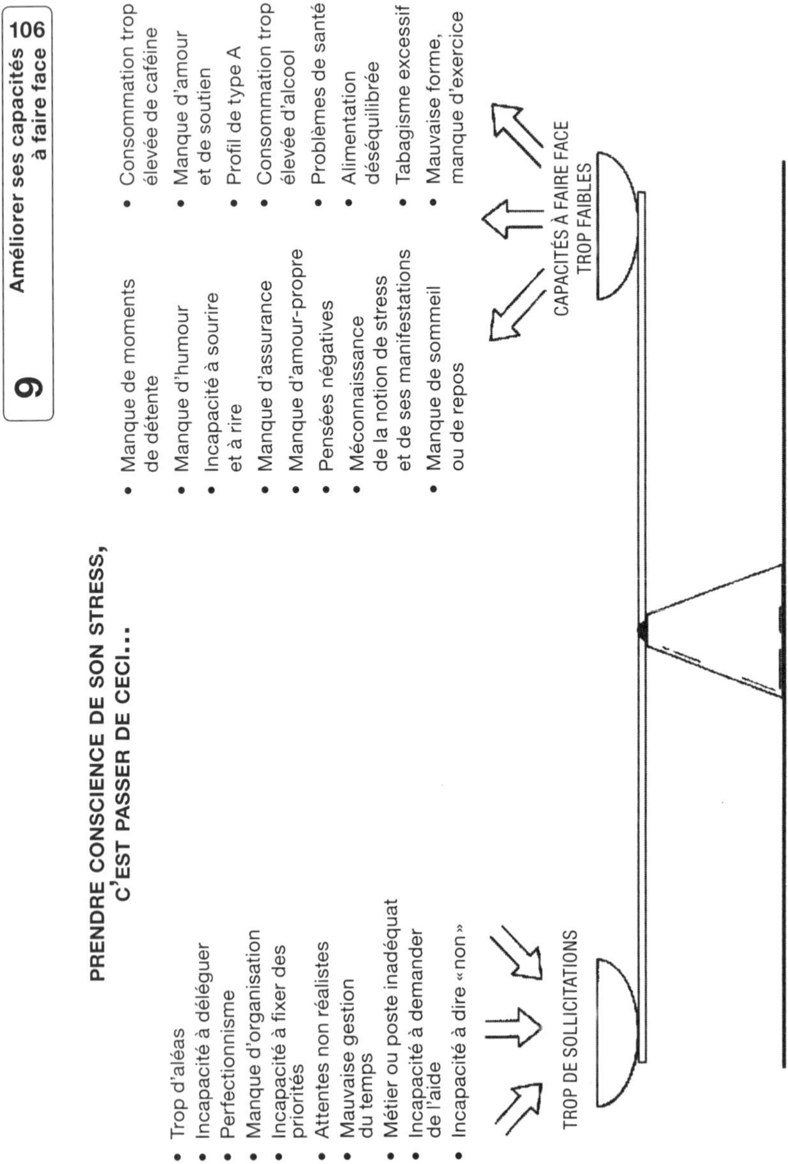

figure 18a facteurs modifiant l'équilibre entre sollicitations et capacités

... À CELA

- Comptabiliser les événements de la vie
- Apprendre à dire « non »
- S'organiser
- Fixer des priorités
- Avoir des attentes réalistes
- Éviter le perfectionnisme
- Apprendre à déléguer
- Demander de l'aide lorsque nécessaire
- Organiser son temps efficacement
- Éviter les incertitudes
- Avoir un poste approprié

- Prendre conscience de la notion de stress
- Reconnaître les manifestations du stress
- Apprendre à se détendre par la relaxation
- S'appuyer sur l'amour et le soutien de son entourage
- Veiller à sa forme physique
- Améliorer son estime de soi
- Réduire les comportements de type A
- Adopter une alimentation équilibrée
- Réduire sa consommation d'alcool et de caféine
- Diminuer sa consommation de cigarettes ou arrêter de fumer
- Faire régulièrement de l'exercice pour se maintenir en forme
- Sourire et rire
- Entretenir son sens de l'humour
- Penser positif
- Acquérir de l'assurance et de l'aisance

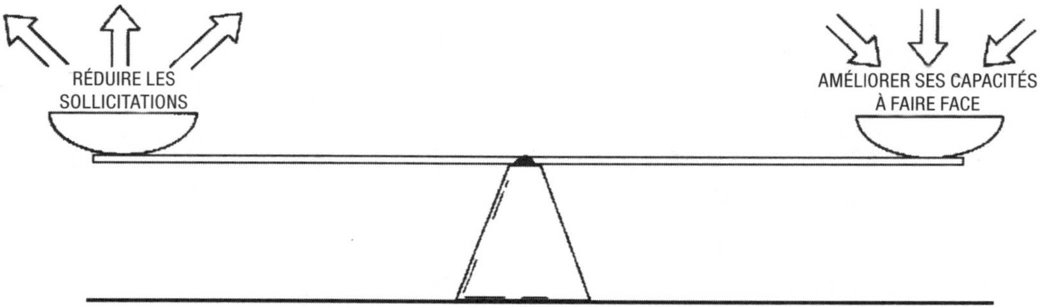

figure 18b facteurs modifiant l'équilibre entre sollicitations et capacités

CAPACITÉS À FAIRE FACE

Cochez la case OUI ou NON.

	OUI	NON
1. Êtes-vous entouré d'une famille ou d'amis qui vous soutiennent ?	☐	☐
2. Avez-vous des loisirs ?	☐	☐
3. Faites-vous partie d'un club ou d'un groupe d'activités ?	☐	☐
4. Faites-vous régulièrement de la relaxation (méditation, visualisation, entraînement à l'autosuggestion, etc.) ?	☐	☐
5. Faites-vous au moins 20 minutes d'exercice trois fois par semaine ?	☐	☐
6. Faites-vous quelque chose pour vous-même chaque semaine ?	☐	☐
7. Disposez-vous d'un endroit où vous isoler complètement ?	☐	☐
8. Participez-vous à des cours de gestion de stress, de relaxation, de gestion du temps ou de développement personnel ?	☐	☐
9. Présentez-vous des comportements de type B ?	☐	☐
10. Fumez-vous ?	☐	☐
11. Buvez-vous de l'alcool pour vous détendre ?	☐	☐
12. Prenez-vous des somnifères ?	☐	☐
13. Rapportez-vous du travail à la maison ?	☐	☐
14. Buvez-vous plus de huit tasses de boissons caféinées par jour (café, thé, Coca-Cola, chocolat...) ?	☐	☐
15. Présentez-vous des comportements de type A ?	☐	☐

Pour compter vos points et analyser votre résultat, reportez-vous à la page 200.

VOS CAPACITÉS PERSONNELLES

Les points un à neuf vous aideront à maîtriser les sollicitations et contraintes de la vie. Si vous avez répondu « oui » aux points 10 à 15, c'est que vous utilisez ces stratégies pour gérer actuellement les sollicitations que vous rencontrez mais, sur le long terme, cela risquerait de nuire à votre santé.

Répertoriez ci-dessus vos stratégies de gestion les plus courantes :

BONNES STRATÉGIES (points 1 à 9)	**MAUVAISES STRATÉGIES (points 10 à 15)**
....	....
....	....
....	....
....	....

Vous pourrez vous reporter à ces deux listes pour mieux cibler le développement de vos stratégies dans les prochains chapitres.

Comment atteindre le bon équilibre

Lorsque la balance bascule en zone de stress néfaste (perception des sollicitations supérieure aux capacités à faire face perçues), il est possible d'ajuster l'équilibre en réduisant les sollicitations (voir figure 19, page suivante) ou en augmentant les capacités afin que la balance revienne en zone normale d'équilibre du stress.

Nous rencontrons tous, inévitablement, des situations de ce type. Quelles que soient nos capacités à faire face, les sollicitations ont la manie d'être souvent légèrement en surnombre par rapport aux capacités, car la vie nous réserve forcément des situations que nous n'avons jamais rencontrées auparavant ou des changements inattendus. De temps à autre, nos facultés sont également amoindries par un simple changement de notre état de santé. Lorsque nous ne nous sentons pas bien, la moindre sollicitation épuise alors le meilleur de notre énergie.

En temps normal, nous ne réfléchirions même pas à ces efforts d'adaptation. Cependant, disposer de réserves de capacités est bien utile lorsqu'il faut faire face à un surcroît de pressions en essayant de maintenir son équilibre hors de la zone néfaste (voir figure 20, page 111).

Cela permet aussi d'entreprendre plus facilement des incursions dans la zone de stress bénéfique. Le rééquilibrage consiste alors à vous préparer pour disposer toujours d'une légère avance sur un certain nombre de sollicitations « raisonnables ». Vous restez ainsi la plupart du temps en zone normale avec, en prime, un abonnement pour la zone de bon stress. Un excès de contraintes puiserait malgré tout dans vos réserves. Les augmenter amortira le choc et vous gardera à distance des profondeurs de la zone de stress, mauvais ou pathogène.

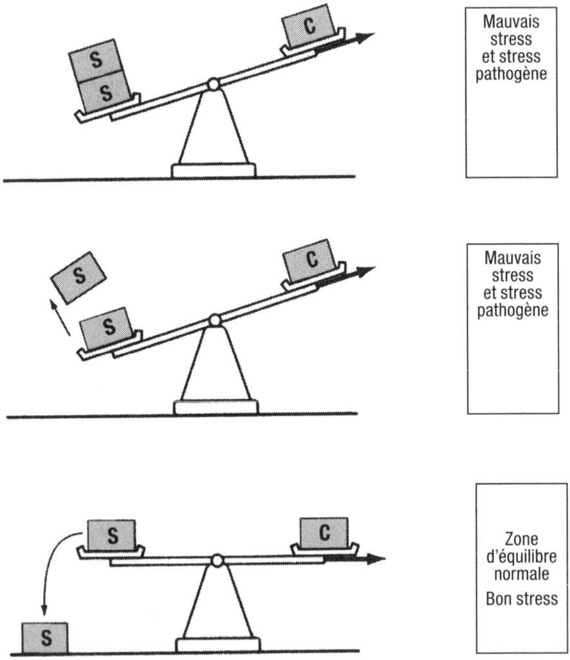

figure 19 rééquilibrage de la balance en réduisant les sollicitations

Assez ironiquement, disposer de trop de capacités risque, selon les circonstances, également de se révéler aussi stressant, et ce de deux façons. Premièrement, nous percevons trop peu de sollicitations parce qu'elles contrebalancent la perception de nos capacités. Nous nous sentons alors sous-utilisés, avons l'impression que nos compétences et facultés ne servent à rien. Bien entendu, impossible de conseiller à quelqu'un : « Tu n'as qu'à redescendre d'un niveau, et faire juste ce qu'on te dit » pour qu'il réduise ses capacités, ses compétences, etc. Il faut au contraire rééquilibrer en augmentant les demandes d'activité (voir figure 21, page 112).

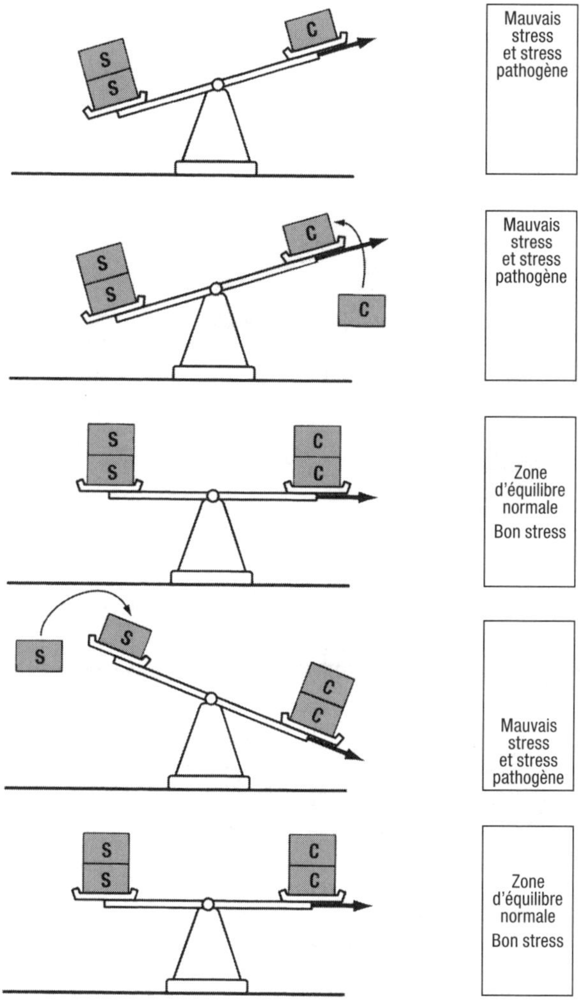

figure 20 rééquilibrage de la balance en augmentant les capacités à faire face.

Par ailleurs, lorsque nous surévaluons nos capacités, nous avons parfois tendance à être trop gourmands, à toujours vouloir en faire plus, alors que nous n'en sommes finalement pas capables. Il convient donc de devenir plus réalistes quant à nos attentes, et de réévaluer nos aptitudes.

Le réglage de cet équilibre nécessite donc d'opérer en permanence des ajustements entre sollicitations et capacités, et vous êtes le seul en mesure de le faire pour vous-même. Vous y parviendrez grâce aux techniques d'apprentissage présentées dans les chapitres qui vont suivre.

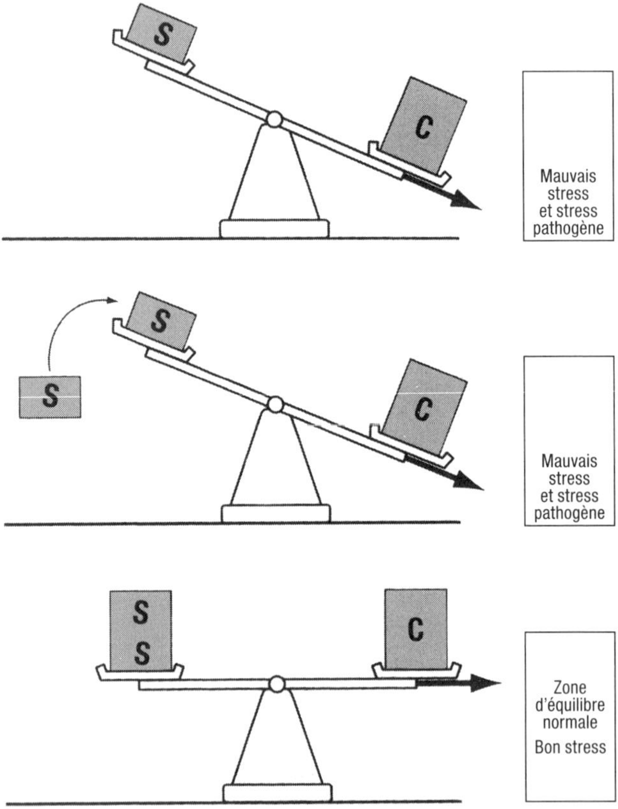

figure 21 rééquilibrage de la balance en augmentant les sollicitations

10 Modifier les sollicitations

Dans ce chapitre vous découvrirez :

- la nécessité de réévaluer les sollicitations;
- des propositions pour diminuer les sollicitations;
- des propositions pour augmenter les sollicitations.

DIMINUER LES SOLLICITATIONS

- Prendre en compte les aléas de la vie
- Apprendre à dire « non »
- Mieux s'organiser
- Déterminer des priorités
- Faire preuve de réalisme
- Éviter le perfectionnisme
- Déléguer
- Rechercher de l'aide quand une situation devient pénible
- Trouver un travail qui corresponde à sa personnalité et à ses compétences
- Apprendre à travailler plus efficacement
- Éviter l'incertitude

AUGMENTER LES SOLLICITATIONS

- S'adonner à un loisir
- Suivre des cours du soir
- S'impliquer dans la vie de quartier ou le secteur associatif
- Réévaluer son travail/son rôle professionnel

Diminuer les sollicitations

Prendre en compte les aléas de la vie

Trop de changements sur une période de temps relativement courte risquent de nuire à vos facultés d'adaptation et de provoquer du mauvais stress et des problèmes de santé. Afin de l'éviter, gardez toujours un œil sur le nombre des événements qui surviennent dans votre vie en vous aidant de la liste en page 92.

Essayez de ne pas avoir une vie trop « mouvementée ». Si, par exemple, vous venez de changer de travail, avez déménagé loin de votre famille et de vos amis, et avez contracté un emprunt, il serait plus sage de reporter les éventuels autres projets. À l'approche de l'âge de la retraite, envisagez un temps partiel plutôt que de passer brutalement d'un emploi à plein-temps à l'inactivité professionnelle.

Les événements traumatisants, comme un divorce, une maladie grave ou la mort d'un être cher, risquent fort d'entamer vos réserves d'énergie et de vous rendre plus vulnérable au stress. Lors de telles épreuves, il serait sage de limiter le nombre d'activités à mener de front et de vous ressourcer en puisant dans le soutien et l'amour de vos proches (voir le chapitre 14).

La liste des événements de la vie est loin d'être exhaustive. Vous devez apprendre à discerner tout ce qui sollicite votre capacité de réactivité et d'adaptation. Ces événements peuvent être agréables comme désagréables. Attribuez-leur un nombre de points (sur une échelle de zéro à cent) en vous aidant des exemples donnés dans la liste en page 92.

Chacun d'entre nous aurait une chance sur dix (un risque sur dix) de souffrir de maladie grave dans les années à venir. Par ailleurs, le score obtenu pour l'année précédente au questionnaire sur les événements de la vie peut accroître vos probabilités de tomber malade dans les deux prochaines années (voir le tableau ci-dessous). Un score compris entre 150 et 299 points augmentera ce risque de 50 %, peut-être en raison d'une production excessive de cortisol nécessaire pour faire face à de nombreuses sollicitations sur une période relativement longue. Dans de telles circonstances, le cortisol peut diminuer vos défenses immunitaires et vous rendre plus fragile face à une éventuelle maladie.

Score	Risque de maladie dans les deux prochaines années
300 points ou plus	Augmentation de 80 %
150 à 299 points	Augmentation de 50 %
100 à 149 points	Augmentation de 30 %
Moins de 100 points	Aucun changement du risque

Remarquez que l'échelle des événements de la vie repose sur des études menées sur plusieurs milliers de participants. Elle est donc loin d'être fiable à 100 % pour prédire une éventuelle vulnérabilité face à la maladie. En effet, chacun d'entre nous perçoit différemment un même événement et la capacité d'y faire face varie d'un individu à un autre. Il est néanmoins sage de réfléchir aux conséquences de l'accumulation des facteurs de stress sur notre santé et notre efficacité.

Apprendre à dire « non »

Certaines personnes ont beaucoup de mal à dire « non » si la demande émane d'un ami ou d'un collègue de travail, même si elles se sentent incapables de faire face à une surcharge de leur emploi du temps. Elles considèrent souvent qu'un refus serait perçu comme un manque de coopération ou la preuve qu'elles sont dépassées par les événements. Elles craignent que cela ne nuise à leur promotion ou à leur relation avec autrui.

En faire plus ne concerne pas uniquement le travail professionnel. Il peut s'agir de s'impliquer pour trouver de l'argent en vue d'une manifestation, d'encadrer une équipe de football locale, de servir de taxi pour un ami, d'aider à décorer un logement, etc. On a tendance à penser que, si l'on veut obtenir quelque chose, il suffit de le demander à la personne la plus occupée, parce qu'elle ne saura pas le refuser !

Si vous vous sentez incapable d'accepter un surplus de travail, dites-le clairement et nettement. Mettez en avant tout ce que vous faites déjà et devez encore faire ou expliquez que votre vie familiale vous empêche d'accepter des heures supplémentaires.

Il est important de savoir dire « non » de la manière appropriée. Julie, une secrétaire, était stressée parce que son patron lui confiait toujours vers 16 heures une tonne de dossiers à traiter pour 17 heures, si bien qu'elle se retrouvait souvent en train de travailler à 18 heures. Interrogée sur la raison pour laquelle elle ne disait jamais rien, elle répondit qu'elle avait peur qu'il la trouve peu coopérative et la renvoie.

Nous lui avons montré les conséquences de son stress et suggéré qu'elle demande à son patron d'établir des priorités en lui disant :

> « J'ai conscience que ce travail est important. Cependant, je termine à 17 heures et, quand vous me confiez des tâches en fin de journée, il m'est souvent impossible de partir avant 18 heures. Ce soir, j'ai un rendez-vous que je ne peux pas manquer et j'apprécierais que vous ayez la gentillesse de me confier uniquement ce qui est urgent. Je m'en occuperai avant de partir et arriverai de bonne heure, demain matin, pour traiter le reste. »

Que pensez-vous qu'il arriva après que Julie eut expliqué à son patron qu'elle ne pouvait pas répondre à toutes ses demandes ? M. Smith fit comme elle le lui avait demandé. En fait, deux lettres uniquement étaient urgentes. Julie quitta son travail à 17 heures et, depuis, elle n'a dû partir plus tard qu'à deux reprises. Julie a réagi en osant s'affirmer. Elle a exposé son cas clairement et honnêtement, d'un ton ferme mais poli, et a proposé ce qui permettrait de résoudre la situation. Se montrer assuré permet de dire « non » sans froisser qui que ce soit (voir page 177).

Quelle que soit la situation, une chose est sûre : si vous acceptez d'en faire plus que vos possibilités ne le permettent, vous serez sous pression, surmené et votre efficacité en pâtira. Vous mettrez plus de temps à accomplir une tâche et le résultat sera probablement moins bon que si vous n'aviez pas été stressé. Pour tenir la distance, vous devez donc savoir dire « non », demander que l'on établisse des priorités, que l'on planifie le travail à l'avance et être réaliste quant à vos possibilités.

Mieux s'organiser, établir des priorités et se montrer réaliste

Certaines personnes trouvent utile de planifier leur travail à l'avance : jour après jour, semaine après semaine, mois après mois et année après année. D'autres, au contraire, préfèrent vivre « le moment présent » et refusent d'être obsédées par une organisation trop rigide. Cependant, un minimum d'organisation s'impose.

Se fixer des objectifs réalistes

Bien des sollicitations inutiles sont, en fait, la conséquence d'objectifs irréalistes, pratiquement impossibles à atteindre. C'est particulièrement vrai pour les individus de type A (voir page 81). Si vous êtes réaliste quant à vos possibilités, ce qui implique d'être honnête vis-à-vis de vous-même, vous diminuerez le nombre des sollicitations. Obtenir la promotion que l'on a tant convoitée peut devenir une source majeure de stress si l'on n'est pas à la hauteur.

Afin d'établir vos priorités et des objectifs réalistes, prenez une feuille de papier et notez-y vos attentes en utilisant les rubriques suivantes :

SOI FAMILLE ET AMIS TRAVAIL

Écrivez tout ce qui vous vient à l'esprit, même ce qui vous semble impossible. Voici quelques suggestions pour vous aider :

Soi

- Arrêter de fumer
- Faire plus d'exercice
- Perdre du poids
- Prendre le temps de me détendre
- Que ferais-je si j'avais plus de temps ?
- Qu'est-ce que j'aimerais faire ?
- Apprendre une nouvelle compétence ou un nouveau sujet
- Voyager plus

Famille et amis	
• Passer plus de temps avec eux • Leur rendre plus souvent visite • Changer de logement ou de voiture	• Être plus présent avec les enfants • Partir en voyage avec eux • Me faire de nouveaux amis
Travail	
• Type de travail • Trajets quotidiens • Travail loin de chez moi	• Travail à l'étranger • Ambitions • Me mettre à mon compte

À présent, réfléchissez à l'importance que vous accordez à chacun des points inscrits. Classez-les en attribuant cinq étoiles à ce que vous jugez le plus prioritaire et une seule pour ce qui l'est le moins. Reprenez la liste et notez d'un « R » ou surlignez en jaune ce qui vous semble le plus réaliste à réaliser. Éliminez tout ce que vous trouvez difficile ou impossible à atteindre. Relisez une fois encore la liste pour attribuer à chaque point une date butoir : le mois prochain, dans un an, et ainsi de suite. Ébauchez un plan d'action à court terme et à long terme. Vous constaterez probablement que certains objectifs sont possibles en modifiant légèrement votre mode de vie, peut-être en consacrant un peu plus de temps à un domaine plutôt qu'à un autre.

Cet exercice vous aidera à planifier votre vie, à établir des priorités et à faire preuve de réalisme. Vous mettrez ainsi toutes les chances de votre côté, ce qui « dopera » votre estime de vous-même et vous aidera à mieux gérer le stress. Des échecs répétés, dus à des objectifs irréalistes, nuisent gravement à l'estime de soi et ouvrent grand la porte à l'agressivité ou à la dépression.

Étant donné que les circonstances changent sans cesse, vous aurez besoin de mettre à jour régulièrement ce plan d'action, peut-être une fois par semaine ou par mois. Il peut également être intéressant de le reprendre lorsque vous aurez terminé la lecture de ce livre.

Déterminer des priorités

Réfléchir à ses priorités au travail contribue à limiter et à éviter le mauvais stress. Les tâches qui semblent sans fin sont la principale source d'anxiété, car elles amènent à se demander comment et quand il sera possible de s'attaquer aux autres activités essentielles.

Réfléchissez à votre emploi du temps et établissez des priorités en fonction des dates butoirs et de l'importance de chaque tâche. Il est contre-productif de dépenser beaucoup de temps et d'énergie à des tâches mineures, qui risquent de rendre irrité et épuisé, alors qu'il faut s'atteler à des priorités plus urgentes et qui demandent toute votre attention. Essayez de vous concentrer sur une seule chose à la fois, surtout s'il s'agit d'un travail particulièrement important.

Un homme nous a décrit comment il traitait son courrier, ses mémos, ses rapports et autres.

> « Je commence par lire le document qui se trouve en haut de ma pile de dossiers à traiter. Arrivé à mi-lecture, je me mets à penser à une lettre, au bas de la pile, qui a attiré mon attention. Je finis inévitablement par mettre de côté le document dont je m'occupais pour prendre connaissance de cette lettre tout en pensant que je dois faire ceci ou cela. Puis je la mets de côté et retourne à la lecture du document mais, comme je ne sais plus où j'en suis, je dois recommencer à zéro. Bientôt, je suis à nouveau attiré par un papier dans la pile… Le résultat, c'est que je mets un temps fou à traiter le moindre dossier et m'inquiète de plusieurs choses en même temps ! »

Nous lui avons conseillé d'établir des priorités en parcourant rapidement tous les dossiers afin de retenir les plus importants. Il devait faire trois piles en leur attribuant un code de couleur : vert pour les plus urgents, orange pour les moins urgents et rouge pour tous ceux qui peuvent attendre. Il traitait d'abord la pile « très urgente » avant de passer aux deux autres en tenant compte, bien sûr, d'un changement possible des priorités.

Venir à bout d'une montagne de papiers constitue aujourd'hui l'un des pires facteurs de stress. Afin de vérifier si vous êtes vraiment efficace, faites une marque au coin de chaque document que vous consultez. Vous risquez d'être surpris par le nombre de marques présentes sur certains d'entre eux.

Pour bien vous organiser, vous avez intérêt à tenir un journal de bord dans lequel vous noterez tout ce qui concerne vos rendez-vous, vos dates butoirs et vos pense-bêtes, tant pour le travail que pour votre vie privée. Il doit être assez grand pour renfermer toutes vos notes, idées et suggestions ainsi que vos projets pour les jours et les semaines à venir – sans aller jusqu'à vous obliger à acheter un deuxième attaché-case ! Cela vous évitera de perdre ce que vous noteriez, sinon, sur un bout de papier et, comme tout se trouve au même endroit, leur consultation sera plus rapide. Enfin, mettez en haut de la liste de vos priorités tous les problèmes relatifs à votre vie privée pour éviter qu'un échec à les résoudre n'affecte votre concentration et votre efficacité au travail.

Un journal de bord bien tenu vous aidera à limiter les sources d'inquiétude et d'angoisse pouvant résulter de l'oubli d'un rendez-vous. Prenez chaque jour le temps de vous en occuper en utilisant des couleurs différentes (surlignage, pastille autoadhésive ou Post-it), par exemple violet pour les dates butoirs, bleu pour les rendez-vous, jaune pour les appels téléphoniques.

Évitez de vous imposer des délais à respecter inutiles et de vous surcharger de rendez-vous. Vous pouvez utiliser des trombones ou autres formes de repères pour marquer les jours de la semaine. Cet agenda amélioré vous aidera à y voir clair et vous rappellera que toute sollicitation excessive est néfaste pour votre santé et votre efficacité.

Lorsqu'il s'agit d'établir des priorités, le plus important est de faire preuve de réalisme. Si l'on vous demande combien de temps il vous faut pour effectuer une tâche, ne vous imposez pas une pression inutile en répondant une semaine (tout cela pour paraître efficace) alors que vous savez pertinemment que ce sera impossible à tenir.

Éviter le perfectionnisme

Les perfectionnistes ont particulièrement besoin d'apprendre à être réalistes, car rien n'est plus contre-productif que la recherche obsessionnelle de la perfection. Cela concerne en particulier les individus de type A. Ces personnes redoutent souvent une catastrophe au cas où tout ne serait pas « parfait ». Pourtant, un tel résultat ne survient en moyenne qu'une seule fois dans la vie. Rechercher toujours l'excellence aboutit à des sollicitations, des pressions et du stress inutiles, et à un sentiment d'échec si l'on n'y parvient pas. Apprenez donc à faire de votre mieux, en étant content de ce que vous avez accompli. Le résultat sera probablement satisfaisant et vous aurez évité d'être stressé.

Il ne faudrait cependant pas confondre le perfectionnisme avec la conscience et la diligence professionnelles, surtout s'il faut impérativement qu'une tâche soit correctement exécutée. Se débarrasser de tout relent perfectionniste ne signifie donc pas bâcler son travail, faire des erreurs ou manquer d'efficacité. Le perfectionniste est, par définition, celui qui est obsédé par l'idée d'obtenir un résultat correct à 100 % quoi qu'il fasse.

Pourquoi certaines personnes ont-elles un tel besoin de perfectionnisme ? Nous avons demandé à l'une d'elles de nous en donner les avantages. Sa réponse a été : « J'obtiens parfois un résultat excellent qui me satisfait énormément. » Lorsque nous avons voulu savoir si cela comporte des inconvénients, elle a réfléchi un certain temps avant de nous dire : « Oui, je suppose qu'il y en a. Je m'inquiète souvent à l'idée de ne pas avoir fait du bon boulot. Par conséquent, j'ai tendance à m'en tenir aux techniques que je connais et il est rare que j'expérimente de nouvelles idées. Je suis très critique vis-à-vis de moi-même, je mets la barre très haut et, si les choses ne tournent pas comme je le voulais, cela me met dans tous mes états. Parfois, je passe tant de temps pour essayer d'obtenir un résultat parfait que cela me rend agitée. Je me retrouve souvent en train de réfléchir à ce que je viens de faire. Cela m'a fait perdre un temps fou, ce qui me contrarie. »

Bien gérer son temps est un autre facteur clé pour une bonne organisation. Apprendre à ne pas perdre inutilement son temps permet de limiter les sollicitations et d'augmenter ses capacités à faire face, ce qui fait basculer la balance du stress dans la zone du stress positif. Nous traiterons plus en détail cet aspect dans la section qui vise à modifier et à atténuer un comportement de type A (voir page 166).

Déléguer

Une autre manière de diminuer les sollicitations, dans sa vie privée et au travail, consiste à déléguer. Si vous êtes capable de le faire avec vos collègues, c'est que vous avez prouvé que vous étiez compétent et à même de diriger une équipe. Certaines personnes, notamment celles de type A, ont tendance à croire qu'un travail sera accompli plus efficacement et rapidement si elles s'en chargent, mais elles ont souvent tort. Elles risquent plutôt de se retrouver débordées, incapables de venir à bout de tâches qu'elles auraient très bien pu confier à d'autres.

Quand vous déléguez un travail, assurez-vous de choisir la personne la plus apte et disponible. Soyez clair dans vos informations et instructions, et assurez-la qu'elle a toute votre confiance et que vous serez disponible si elle a besoin de conseils ou d'aide.

Déléguer présente de nombreux avantages. Confier une responsabilité est valorisant pour la personne sollicitée qui se sent partie prenante du projet et voit qu'on lui fait confiance. C'est, en outre, une bonne expérience pour un avancement futur dans sa carrière. Son estime d'elle-même grimpe en flèche et elle sera probablement à la hauteur de la tâche étant donné que sa balance du stress se trouve dans la zone positive.

Bien des individus, en particulier les femmes, doivent faire face à une tonne de sollicitations : s'occuper de la famille, des repas, des courses, du nettoyage, etc. Ces activités vont généralement de pair avec un travail à l'extérieur. Déléguer les tâches ménagères est clairement une manière de limiter les sollicitations et, ainsi, d'éviter tout stress néfaste.

Rechercher de l'aide quand une situation devient pénible

N'hésitez pas à demander que l'on vous aide et soutienne. Cette attitude permettra de réduire la charge de travail et les sollicitations. Une personne qui cherche à s'en sortir toute seule finira inévitablement par être stressée et risque de se retrouver submergée. Il vaut mieux admettre que l'on a besoin d'aide et achever le travail que de n'en réaliser qu'une partie en restant seul.

Trouver un travail qui vous corresponde

Si vous recherchez un emploi, faites en sorte qu'il convienne à votre personnalité et à vos compétences. En revanche, si vous travaillez et que ce poste est très stressant, réévaluez les contraintes que l'on vous impose et vos capacités à y faire face. Réfléchissez à vos attentes professionnelles et soyez réaliste quant à vos possibilités.

Apprendre à travailler plus efficacement

Bien souvent, un salarié doit se plier à ce que son employeur attend de lui, ce qui lui laisse très peu de possibilités de faire preuve d'initiative. Lorsque cela s'avère stressant, il faut prendre du recul et se demander si les exigences et les pressions sont réelles et raisonnables ou si la perception d'un manque de contrôle de la situation n'est pas, plutôt, la conséquence d'attentes irréalistes.

Les conditions physiques de l'environnement professionnel sont primordiales, ne serait-ce que du point de vue de la sécurité. Un mauvais éclairage, un chauffage insuffisant, une ventilation inefficace, le bruit, la surpopulation, le manque d'intimité, l'inconfort du poste de travail sont des sources fréquences de mécontentement, de frustration et de stress. Bien des employeurs sont conscients que des bonnes conditions de travail sont propices à la productivité et à la créativité, n'hésitez pas à faire part de vos suggestions pour supprimer les sources de stress. Par ailleurs, vous pouvez certainement introduire quelques améliorations à l'aide de posters colorés, de cartes postales, de photos, de plantes, etc.

Bien des solutions s'offrent à vous pour améliorer votre efficacité. Faites de courtes pauses, ne serait-ce qu'en fermant les yeux et en vous relaxant quelques minutes. Pratiquez une technique de relaxation (comme celles proposées au chapitre 11), assis ou allongé. Modifiez la disposition de votre bureau afin qu'il soit nécessaire de vous lever pour répondre au téléphone ou prendre un dossier. Ne faites qu'une seule chose à la fois. Ainsi, quand vous êtes au téléphone, soyez totalement disponible pour votre interlocuteur et oubliez tout le reste. Affirmez-vous et refusez un travail si vous êtes déjà surchargé. Quand on vous confie une tâche, demandez immédiatement ce que l'on attend précisément de vous et, si vous prévoyez des difficultés, n'hésitez pas à demander de l'aide. Ce sera bien plus difficile à obtenir si vous vous y prenez plus tard et vous y aurez « gagné » des préoccupations inutiles.

Si vous ne savez plus où donner de la tête, commencez par établir des priorités. Il est bien plus productif, efficace et satisfaisant de terminer une tâche avant de passer à la suivante.

N'agissez pas dans la précipitation. Commencez par réfléchir à la manière dont vous allez vous y prendre. En ce qui concerne les tâches routinières, il vaut mieux respecter un emploi du temps strict, par exemple lire vos messages électroniques dès votre arrivée. Ne surchargez pas votre agenda de rendez-vous que vous serez obligé de reporter. Réservez toujours un peu de temps pour les moments de détente et ne sautez jamais l'heure du repas ou de la pause-café dont vous profiterez pour vous aérer les idées, par exemple en faisant une courte marche. Ainsi, vous serez capable de gérer efficacement votre temps.

La règle générale étant le travail en équipe, il faut être tout particulièrement attentif à donner et à recevoir du soutien. Apprenez l'art de la communication et de l'affirmation de soi, dans le respect du travail de chacun. Développez votre capacité d'écoute. Ce sera plus payant que de vous borner à parler et contribuera à créer de meilleures relations (les gens aiment se confier). Lors des discussions, faites attention à votre voix, qui ne doit jamais paraître menaçante ni chargée d'émotion. Vous aurez plus de facilité à faire admettre votre point de vue si vous faites preuve d'assurance. Et ne sous-estimez pas la valeur d'une atmosphère détendue et cordiale.

Éviter l'incertitude

Douter de tout et de rien génère beaucoup de stress. S'inquiéter de ce qui se passerait si... est souvent stérile. Attachez-vous aux faits plutôt que de paniquer inutilement. Lorsque vous aurez recueilli le plus possible d'informations, vous découvrirez généralement que vos peurs étaient infondées et éviterez un stress néfaste. Si, en revanche, il s'avère que vous aviez raison de vous inquiéter, vous serez préparé à y faire face, pourrez trouver des solutions et demander, au besoin, de l'aide. De la sorte, vous vous sentirez plus sûr de vous. Il est toujours plus facile d'affronter une situation difficile quand on sait exactement à quoi s'attendre.

Augmenter les sollicitations

Il est fréquent de trouver sa vie monotone : pas assez de sollicitations, de stimulations et de défis à relever alors que l'on sait être capable de bien plus. On ne se sent pas utilisé comme on le mériterait, ce qui provoque de l'ennui et de la frustration. L'estime de soi en souffre et le manque de motivation finit par aboutir à une absence d'efficacité dans tout ce que l'on entreprend.

La retraite en est un bon exemple. Une personne qui prend sa retraite peut se retrouver, du jour au lendemain, désœuvrée, avec un sentiment d'inutilité alors qu'elle faisait jusque-là partie des forces vives de la société. Étant donné qu'il est impossible de diminuer la perception des capacités à faire face pour rééquilibrer cette situation, il faut trouver de nouvelles sollicitations. Les possibilités sont nombreuses : s'adonner à un hobby ; suivre des cours du soir pour apprendre un sujet qui nous intéresse, mais pour lequel on n'avait pas le temps dans la vie active ; faire ce qui était impossible jusque-là, comme un long voyage à l'étranger ; reprendre contact avec des amis perdus de vue ; s'impliquer dans la vie de quartier, un club local ou le secteur associatif... Planifiez votre journée comme s'il s'agissait d'une journée de travail. Prévoyez du temps pour les tâches ménagères, les courses, la marche, les loisirs et ainsi de suite. Attention toutefois à ne pas en faire trop, ce qui ferait basculer la balance dans la zone du mauvais stress.

Voici un autre cas de figure où l'insuffisance de sollicitations est source de stress : lorsqu'une personne qui travaille sent que ses capacités et ses compétences ne sont pas employées à leur juste valeur. La solution consiste alors à demander plus de responsabilités – à condition, bien sûr, que l'emploi vous corresponde. Il est vrai que ce n'est pas toujours facile à trouver, mais une situation trop déséquilibrée aboutit inévitablement à du mauvais stress. Cela implique parfois de demander à nos supérieurs de réexaminer nos compétences professionnelles en vue de nous confier un travail différent ou, si cela s'avère impossible, de rechercher ailleurs un poste qui nous convienne mieux.

Il arrive que l'on se trouve dans une position où les sollicitations sont trop peu nombreuses, en particulier si l'on se retrouve au chômage, si l'on est confronté au départ des enfants que l'on a élevés ou si le partenaire de toute une vie décède. Lorsque nous refaisons surface, il peut être bénéfique d'augmenter les sollicitations d'une manière similaire à celle que nous venons d'exposer pour une personne qui prendrait sa retraite.

11

Apprendre à se détendre

Dans ce chapitre vous apprendrez :

- plusieurs techniques de relaxation;
- des méthodes, expliquées pas à pas, pour apprendre à se détendre;
- les bienfaits de la relaxation.

- Prendre le temps de recharger ses batteries
- S'adonner chaque jour à des activités qui détendent
- Respirer à fond
- Utiliser le feed-back
- Pratiquer la relaxation progressive de Jacobson
- Méditer

Recharger ses batteries

La relaxation est un moment qui permet de refaire le plein d'énergie. L'activité du système nerveux sympathique étant au ralenti, le système nerveux parasympathique augmente son influence sur l'organisme. Chez une personne détendue, la production d'adrénaline, de noradrénaline et de cortisol est diminuée et l'activité du corps se retrouve à l'opposé de celle requise lors d'une réponse au stress. Le cœur bat moins vite, la respiration est ralentie et, en raison de la dilatation des vaisseaux sanguins, on ressent de la chaleur dans tout le corps. On transpire moins, on salive plus, la tension musculaire diminue et l'esprit est au repos. Cependant le corps, même s'il est dans un profond état de relaxation, est toujours prêt à réagir en une fraction de seconde à un éventuel danger.

S'adonner à des activités qui détendent

De nombreuses méthodes permettent de déstresser, par exemple le yoga, la méditation, la relaxation progressive de Jacobson, le training autogène de Schultz, l'autohypnose et le feed-back. La plupart de ces techniques doivent être apprises et pratiquées régulièrement pour devenir aussi banales que le fait de se laver les dents. Il ne faut pas les réserver aux moments où l'on sent que l'on est, ou risque d'être, stressé. Cet apprentissage demande du temps et il ne faut pas en attendre trop, trop vite, d'autant que les bienfaits ne sont pas immédiats, mais le résultat est à la hauteur des espérances. Nous décrirons plus loin les techniques que nous utilisons et vous y initierons afin que vous parveniez, vous aussi, à cet état de relaxation.

Bien des activités pratiquées régulièrement aident elles aussi à se sentir détendu et revitalisé. Une séance de Jacuzzi, de sauna ou de hammam ou le fait de se laisser flotter dans une piscine ou dans la mer procurent un état de relaxation, tout comme une promenade agréable, un week-end dépaysant, l'écoute de sa musique préférée (la musique baroque semble particulièrement efficace), la lecture de ses auteurs favoris, une soirée au théâtre, un repas dans son restaurant préféré, etc.

Le massage est un remède souverain contre les muscles contractés. La détente qui s'ensuit procure un apaisement de l'esprit. Vous pouvez également vous adonner à un loisir ou un nouveau centre d'intérêt, adhérer à un club ou bricoler à la condition de ne pas le prendre trop à cœur et d'y voir un bon moyen de vous relaxer.

Des vacances bien planifiées, d'une semaine au moins, sont un bon moyen pour recharger ses batteries. Attention toutefois à rester zen en toutes circonstances. Vous n'êtes, en effet, pas à l'abri d'un retard à l'aéroport, d'un problème avec la langue du pays ou la monnaie locale, d'une météo capricieuse (une semaine de pluie alors qu'il aurait dû faire beau), d'un trouble digestif, d'une insolation ou de l'oubli, par votre partenaire, de votre maillot de bain préféré. Des vacances censées vous reposer peuvent alors virer au cauchemar ! Une bonne préparation avant le départ permet de prévenir ces inconvénients et de minimiser le risque de mauvais stress.

	Le réflexe qui apaise
Étape un	Fermez les yeux. Pensez à ce qui vous ennuie ou ce qui vous stresse.
Étape deux	Dites-vous : « Un esprit vigilant, un corps paisible. Rien ne viendra m'affecter. »
Étape trois	Souriez-vous à vous-même. Vous pouvez pratiquer le sourire intérieur, sans que cela se voie de l'extérieur.
Étape quatre	Inspirez en comptant jusqu'à trois tout en imaginant que l'air pénètre par des trous dans vos pieds. Sentez la chaleur et la présence de l'air qui traverse votre corps, des pieds jusqu'à la tête.
Étape cinq	Expirez en comptant jusqu'à trois. Visualisez l'air qui traverse votre corps à partir de la tête pour ressortir par les trous dans vos pieds. Sentez la chaleur et la présence de l'air qui traverse tout votre corps. Laissez vos muscles se détendre, les mâchoires desserrées, la langue qui flotte dans la bouche et les épaules abaissées.
Rouvrez les yeux et reprenez le cours de vos activités.	

La relaxation ne devrait pas être juste une activité à pratiquer après une journée de travail. Pour recharger ses batteries, il faut prendre le temps de manger à midi et s'octroyer des pauses. Essayez de vous éloigner de votre lieu de travail. Faites une courte marche ou lisez quelque chose d'intéressant. Si vous vous sentez stressé, asseyez-vous le dos bien droit et pratiquez une courte relaxation. Vous pouvez aussi essayer le réflexe qui apaise. Cela ne demande que quelques secondes et, avec un peu d'entraînement, permet au corps de retrouver un état à l'opposé de celui qui prévaut lors de l'activation d'une réaction d'alarme.

Pratiqué plusieurs mois d'affilée, le réflexe qui apaise deviendra automatique. Cette pause vous permettra de voir si vous choisissez de rester stressé et irrité ou si vous faites en sorte de vous détendre.

Respirez-vous correctement ?

La respiration est un acte si automatique qu'il peut sembler étonnant qu'elle ne soit pas toujours effectuée correctement. C'est pourtant plus fréquent qu'on ne l'imagine. Une mauvaise respiration est source de bien des problèmes, notamment de santé, et de stress. En effet, quand on est stressé, on respire différemment. Lors d'un effort physique, la respiration devient plus rapide et profonde, car on a alors besoin de plus d'oxygène pour éliminer la grande quantité de dioxyde de carbone produite par l'activité musculaire. La cage thoracique se soulève et se déploie pour faciliter l'arrivée d'air dans les poumons. En revanche, si l'on est au repos, ce sont les seuls mouvements du diaphragme qui amènent l'air dans les poumons. Le diaphragme se soulève et s'abaisse, tout comme l'abdomen, mais la cage thoracique demeure immobile (figure 22).

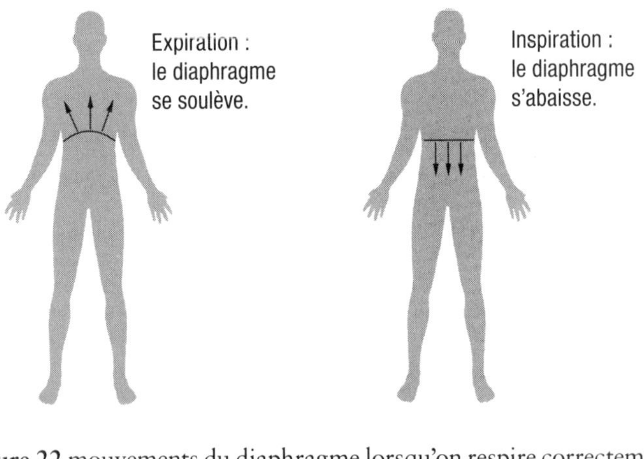

figure 22 mouvements du diaphragme lorsqu'on respire correctement au repos

Quand on est stressé, l'activation de la réponse au stress provoque une accélération de la respiration. C'est principalement la partie supérieure de la cage thoracique qui entre alors en jeu. En cas d'absence de réaction physique à cet état de stress, cette respiration (appelée **hyperventilation**) expulse des poumons une trop grande quantité de dioxyde de carbone, ce qui rend le sang et les poumons plus alcalins.

Dans certaines situations, la respiration devient très rapide et superficielle. Les poumons reçoivent alors trop peu d'air pour éliminer le dioxyde de carbone, qui s'accumule dans le sang et le rend plus acide. Ces schémas respiratoires qui rendent le sang trop acide ou trop basique peuvent entraîner un dysfonctionnement de l'organisme.

Notre manière de respirer révèle souvent nos émotions. Une personne anxieuse respire rapidement et parle lorsqu'elle inspire (inhale de l'air). Une personne déprimée soupire facilement et parle lorsqu'elle expire (exhale de l'air). Si quelqu'un est dans un état de forte stimulation du système nerveux parasympathique, son schéma respiratoire a tendance à se modifier au repos et lors d'une activité modérée. Peu à peu, la respiration passe moins par le diaphragme pour solliciter davantage la cage thoracique.

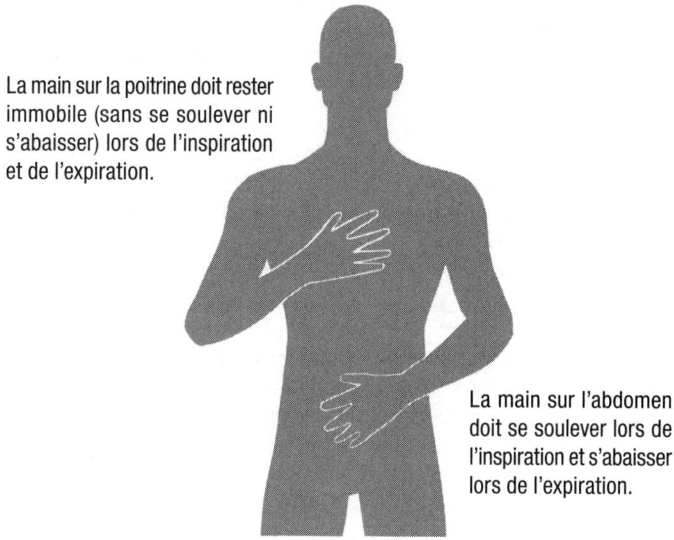

figure 23 respirez-vous correctement ?

Votre respiration est-elle correcte ? Faites ce simple test. Allongez-vous confortablement sur le dos, la tête sur un coussin, et détendez-vous. Posez une main sur l'abdomen et l'autre sur la poitrine (figure 23). Quand vous inspirez et expirez, observez si le ventre et la cage thoracique bougent. Si vous respirez comme il faut, la main sur l'abdomen se soulève à l'inspiration. Si elle reste immobile, c'est que vous respirez mal.

Apprendre à mieux respirer et à se détendre grâce à la respiration profonde

Allongez-vous sur le sol, la tête reposant sur un coussin. Pliez les genoux, les pieds à plat sur le sol. Posez une main sur la poitrine et l'autre sur le ventre. Respirez lentement par le nez, sans forcer, en gardant la bouche fermée. Quand vous **inspirez**, poussez le ventre contre la main. Sentez l'abdomen qui se déploie et la main qui se soulève. Restez ainsi deux secondes* puis expirez lentement par le nez. Sentez le ventre qui s'affaisse et la main qui descend. Répétez quatre fois**.

Quand vous aurez maîtrisé cet exercice, répétez-le en position assise et debout. Lorsque vous serez à l'aise, vous pourrez le faire sans mettre les mains sur la poitrine et l'abdomen. En vous concentrant sur les mouvements du ventre, vous corrigerez peu à peu une mauvaise manière de respirer. Cet exercice constitue, en soi, une technique de relaxation à utiliser dès que l'on se sent tendu et anxieux. Il peut être pratiqué quasiment n'importe où : assis derrière un bureau, dans une voiture à l'arrêt, dans un bus ou dans un train.

Les exercices visant à respirer correctement et profondément sont utilisés dans la plupart des autres formes de relaxation, comme les deux proposées plus loin. Mais il faut au préalable bien maîtriser cet exercice respiratoire.

Utiliser le feed-back

La relaxation progressive de Jacobson et la méditation sont des techniques ayant fait leurs preuves que nous recommandons et utilisons lors de nos ateliers et de nos programmes d'entraînement et de conseil en gestion du stress. Nous allons d'abord voir ce qu'est le feed-back avant d'aborder la relaxation progressive de Jacobson.

Le feed-back

Le feed-back, ou rétrocontrôle, est une technique qui repose sur l'utilisation d'appareils qui permettent à une personne d'agir

* Les personnes qui souffrent de problèmes respiratoires, asthme ou bronchite notamment, peuvent être gênées ou avoir du mal à retenir leur souffle. Elles devront éviter toute rétention de souffle prolongée lors de cet exercice et de ceux décrits plus loin.

** Toute personne qui éprouverait un étourdissement lors de cet exercice doit l'interrompre et reprendre sa respiration habituelle tant qu'elle ne se sent pas capable de poursuivre l'exercice.

sur les réactions de son corps déclenchées lors d'une réponse au stress, comme la fréquence cardiaque, la tension artérielle, le tonus musculaire, la température de la peau, la transpiration et l'activité électrique du cerveau. On peut ainsi voir par soi-même son degré d'activation d'une réponse au stress et son état de relaxation. Cet outil est très utile pour apprendre à se détendre, car il indique si l'on est parvenu, ou non, à un état de relaxation.

L'une des méthodes les plus couramment employées mesure la quantité de sueur sur la peau. En effet, lors d'une réponse au stress, la transpiration augmente tandis qu'elle diminue si l'on est détendu. La sueur est détectée à l'aide de deux petites électrodes en métal, chacune étant fixée sur un doigt. Un faible courant, inoffensif, circule entre les électrodes. Quand la peau est humide, en raison de la présence de sueur, le courant passe plus facilement. Si la peau est plus sèche, le courant circule moins bien car la résistance de la peau est plus grande. Cette technique mesure donc la résistance de la peau. C'est ce qu'on appelle la réponse galvanique de la peau (GPR) qui est, en fait, à la base du détecteur de mensonges. En règle générale, lorsqu'une personne ment, ses émotions déclenchent une réponse au stress, ce qui augmente la transpiration.

Dans le cadre d'un feed-back, la résistance de la peau est convertie en bruit. Si l'on est stressé et tendu, le son est aigu tandis qu'il est plus grave si l'on est détendu.

Les appareils qui mesurent la résistance de la peau sont relativement bon marché et conviennent à un usage personnel. En revanche, pour travailler le feed-back à partir d'autres activités du corps, comme les ondes cérébrales, il faut un équipement plus sophistiqué et coûteux.

La relaxation progressive de Jacobson

Cette relaxation musculaire progressive et profonde repose sur la contraction volontaire puis la relaxation des principaux groupes musculaires. L'esprit se concentre chaque fois sur la sensation de tension puis la détente ressentie. Le but est, avec un peu de pratique, de prendre conscience de son tonus musculaire pour, si nécessaire, le transformer automatiquement en détente. Par exemple, bien des automobilistes ont les épaules voûtées et les mains si crispées sur le volant qu'ils en ont les articulations des doigts blanches. Grâce à la relaxation progressive de Jacobson, vous saurez reconnaître cette tension et détendre automatiquement vos muscles, ce qui soulagera les raideurs au niveau de la tête, du cou, des épaules et du dos.

La détente musculaire entraîne celle de l'esprit, ce qui diminue l'activité du système nerveux sympathique et, par conséquent, ralentit les battements du cœur et fait baisser la tension artérielle. Cette technique est cependant déconseillée si l'on souffre d'hypertension, car la tension volontaire des muscles s'accompagne d'une augmentation de la pression sanguine. Il vaut mieux, dans ce cas, pratiquer la relaxation musculaire profonde, qui est similaire mais pour laquelle il n'est pas nécessaire de contracter les muscles pour les détendre (voir page 134).

Méthode pour pratiquer une relaxation progressive de Jacobson

---

Mise en garde : ne contractez pas ou n'étirez pas vos muscles de manière excessive. Arrêtez si cela devient désagréable ou douloureux. Les personnes hypertendues doivent plutôt pratiquer la relaxation musculaire profonde.

Accordez-vous quinze minutes pour pratiquer.

- Asseyez-vous confortablement sur une chaise. Le dos est bien calé et les pieds à plat sur le sol, un peu écartés l'un de l'autre. Posez les mains sur les genoux. La tête est droite, le menton parallèle au sol. Respirez lentement, sans forcer, par le ventre.
- Fermez les yeux et portez votre attention sur chaque partie de votre corps, l'une après l'autre. Lorsque vous contractez un groupe de muscles (cinq secondes environ), concentrez-vous sur la sensation de tension et de crispation. Relâchez ensuite ce groupe de muscles en vous concentrant sur la détente. Remarquez que toute crispation disparaît et que les muscles deviennent lourds, chauds et détendus. Restez ainsi pendant dix secondes environ.
- Rapprochez les épaules le plus possible des oreilles. Sentez la tension des épaules et du cou. Restez ainsi pendant cinq secondes, puis relâchez complètement. Sentez la détente des muscles. Restez ainsi pendant dix secondes.
- Abaissez ensuite les épaules le plus possible vers le sol. Concentrez-vous sur la tension quelques secondes avant de relâcher.

(**Restez toujours contracté pendant cinq secondes environ et détendu pendant dix secondes environ.**)

- Pliez le bras droit et contractez le plus possible le biceps. Tenez… puis abaissez le bras et relâchez-le. Tournez la paume de la main droite vers le ciel. Serrez le poing droit aussi fort que possible. Concentrez-vous sur la tension puis relâchez, les doigts toujours repliés. Étirez à présent les doigts au maximum. Sentez-les devenir raides avec le pouce qui s'écarte des autres doigts. Maintenez la tension, puis relâchez. Sentez vos doigts légèrement repliés vers la paume.

- Faites à présent la même chose avec le bras gauche, en contractant le plus possible puis en relâchant le bras, la main et les doigts.
- Passez à la jambe droite. Raidissez toute la jambe et tendez-la devant vous en étirant le plus possible le pied. Sentez la tension des muscles de l'avant de la cuisse. Tenez… puis relâchez. Pointez les orteils au maximum vers l'avant, puis amenez le pied à angle droit par rapport à la jambe. Sentez la tension des muscles du mollet. Tenez… puis relâchez. Contractez tous les muscles du pied droit en recourbant les orteils vers le ciel. Sentez la tension… puis relâchez.
- Faites à présent la même chose avec la jambe gauche, en contractant le plus possible puis en relâchant la cuisse, le mollet et tout le pied.
- Contractez les fesses, qui doivent se décoller du siège. Essayez d'aller le plus haut possible. Tenez… puis relâchez les muscles.
- Contractez les muscles de la sangle abdominale. Resserrez le plus possible la taille en rentrant le ventre. Sentez la tension. Tenez… puis relâchez.
- Passez à la tête. Amenez-la doucement vers l'avant jusqu'à sentir la contraction des muscles du cou et du haut du dos. Tenez, puis ramenez la tête dans l'axe de la colonne et détendez-la. Penchez la tête le plus possible sur la droite. Sentez la tension des muscles, puis ramenez la tête dans l'axe de la colonne et détendez-la. Penchez ensuite la tête vers la gauche. Sentez la tension des muscles, puis ramenez la tête dans l'axe de la colonne et détendez-la.
- Contractez les mâchoires. Serrez bien les dents et sentez la tension des muscles des mâchoires. Desserrez les mâchoires et sentez le relâchement des muscles. Laissez flotter la langue dans la bouche pour accentuer la détente. Fermez ensuite la bouche en plaquant bien les lèvres l'une contre l'autre. Amenez la pointe de la langue contre le haut du palais. Sentez la tension… puis détendez la langue derrière les dents du bas et relâchez.
- Faites un large sourire jusqu'aux oreilles. Sentez la tension des muscles. Tenez… puis relâchez. Plissez les yeux de plus en plus fortement. Tenez… puis sentez-les se détendre dans les orbites. Tirez les sourcils vers le bas, puis vers le haut. Tenez… puis relâchez.
- Concentrez-vous sur votre respiration. Sentez les muscles abdominaux qui se soulèvent quand vous inspirez et qui

s'affaissent quand vous expirez. Votre respiration doit être lente, paisible et superficielle.

- Calmez à présent votre mental. Si des pensées se présentent à votre esprit, laissez-les venir et ne leur accordez aucune attention. Laissez-les s'en aller d'elles-mêmes, sans essayer de les retenir. Pensez à des souvenirs heureux. Représentez-vous en train de marcher au bord de la mer : le bruit des vagues, les reflets du soleil sur la mer, le bleu d'un ciel sans nuage, l'eau tiède qui frôle vos pieds, vos pas qui s'enfoncent dans le sable, le bruit des mouettes au-dessus de votre tête.
- Restez assis tranquillement pendant cinq minutes. Appréciez la détente de tout votre corps qui est chaud et lourd – totalement relâché.
- Au bout de cinq minutes, rouvrez lentement les yeux. Étirez-vous doucement et faites deux ou trois respirations profondes avant de vous lever.

Méthode pour pratiquer une relaxation musculaire profonde

Accordez-vous quinze minutes pour pratiquer.

- Asseyez-vous confortablement sur une chaise. Le dos est bien calé et les pieds à plat sur le sol, un peu écartés l'un de l'autre. Posez les mains sur les genoux. La tête est droite, le menton parallèle au sol. Respirez lentement, sans forcer, par le ventre.
- Fermez les yeux et portez votre attention sur chaque partie de votre corps, l'une après l'autre. Détendez mentalement un groupe de muscles en vous concentrant sur la sensation de relaxation. Remarquez que les tensions disparaissent et que les muscles deviennent lourds, chauds et détendus. Restez ainsi pendant dix secondes environ.
- Concentrez d'abord toute votre attention sur la jambe gauche, en commençant par les orteils et en remontant peu à peu jusqu'à la hanche. Lorsque vous relâchez mentalement chaque groupe de muscles, sentez la tension qui disparaît et une sensation de lourdeur et de chaleur qui apparaît. Relâchez les orteils… concentrez-vous environ cinq secondes sur l'impression de détente (faites-le chaque fois que vous détendez une partie du corps). Relâchez à présent le cou-de-pied… le talon… et la cheville… Détendez tous les muscles du mollet… sentez qu'ils deviennent lourds et chauds. Relâchez le genou… la cuisse… puis la hanche. Concentrez-vous sur la détente de toute la jambe gauche, qui est lourde, chaude et sans tension.

- Faites à présent la même chose avec la jambe droite en vous concentrant sur les orteils, le cou-de-pied, la cheville, le mollet, le genou, la cuisse et la hanche. Toute la jambe droite est lourde, chaude et sans tension.
- Concentrez à présent toute votre attention sur le bras gauche, en commençant par les doigts et en remontant peu à peu jusqu'à l'épaule. Relâchez mentalement tous les doigts… sentez-les qui se replient vers la paume… détendez la paume… le poignet… l'avant-bras… le coude… le bras… et enfin l'épaule. Tout le bras est lourd, chaud et détendu.
- Faites à présent la même chose avec le bras droit en vous concentrant sur les doigts, la paume, le poignet, l'avant-bras, le coude, le bras et l'épaule. Tout le bras droit est lourd, chaud et sans tension.
- Passez aux muscles de l'estomac. Relâchez-les mentalement… sentez-les devenir lourds, chauds et sans tension.
- Concentrez-vous ensuite sur le bas de la colonne vertébrale. Relâchez mentalement chaque partie de la colonne en commençant par le coccyx et le sacrum et en remontant peu à peu jusqu'aux vertèbres cervicales. Sentez que vos muscles deviennent lourds, chauds et détendus tandis que votre dos s'affaisse contre le dossier de la chaise.
- Relâchez à nouveau mentalement les épaules… sentez-les s'abaisser vers le sol, lourdes, chaudes et sans tension.
- Détendez à présent les muscles du cou, en gardant la tête droite, le menton parallèle au sol. Votre tête est parfaitement dans l'axe de la colonne.
- Concentrez-vous mentalement sur votre tête. Desserrez les mâchoires et relâchez-les… laissez flotter la langue dans la bouche… détendez les muscles autour des yeux… sentez-les devenir lourds, chauds et sans tension. Relâchez le front… et le cuir chevelu. Votre tête est entièrement détendue, lourde et chaude.
- Portez à présent votre attention sur votre respiration. Sentez les muscles abdominaux qui se soulèvent quand vous inspirez et qui s'affaissent quand vous expirez. Votre respiration est lente et paisible.
- Calmez à présent votre mental. Si des pensées se présentent à votre esprit, laissez-les venir et ne leur accordez aucune attention. Laissez-les s'en aller d'elles-mêmes, sans essayer de les retenir. Pensez à des souvenirs heureux. Représentez-vous en train de marcher au bord de la mer : le bruit des vagues, les reflets du soleil sur la mer, le bleu d'un ciel sans nuage, l'eau tiède qui frôle vos pieds, vos pas qui s'enfoncent dans le sable, le bruit des mouettes au-dessus de votre tête.

- Restez assis tranquillement pendant cinq minutes. Appréciez la détente de tout votre corps qui est chaud et lourd – totalement relâché.
- Au bout de cinq minutes, rouvrez lentement les yeux. Étirez-vous doucement et faites deux ou trois respirations profondes avant de vous lever.

La méditation

Alors que la relaxation progressive de Jacobson et la relaxation musculaire profonde sont axées sur le tonus musculaire, la méditation vise à apaiser l'esprit. La technique est simple. L'esprit se concentre pendant vingt minutes sur un support de méditation, un mot ou un son qui est répété mentalement, encore et encore. Tout le temps de la méditation, les pensées vont et viennent ; il ne faut pas s'y arrêter mais ramener son attention sur le support de méditation qui sollicite la partie droite du cerveau. Avec de la pratique, l'esprit devient peu à peu plus stable et paisible. C'est l'hémisphère gauche qui est chargé de la pensée logique et analytique et qui domine d'habitude notre conscience (figure 24). Lorsqu'un mot ou un son est répété encore et encore, l'hémisphère gauche est occupé à cette tâche monotone qui consiste à traiter cette information répétitive. Cela permet à l'hémisphère droit de prendre le dessus. Or cette partie du cerveau est impliquée dans l'intuition, l'imagination et la créativité. Supprimer l'activité analytique de l'hémisphère gauche pour permettre à l'hémisphère droit, axé sur l'intuition, de s'exprimer permet de diminuer l'activation de la réponse au stress et d'accroître une sensation de paix, de tranquillité, de sérénité.

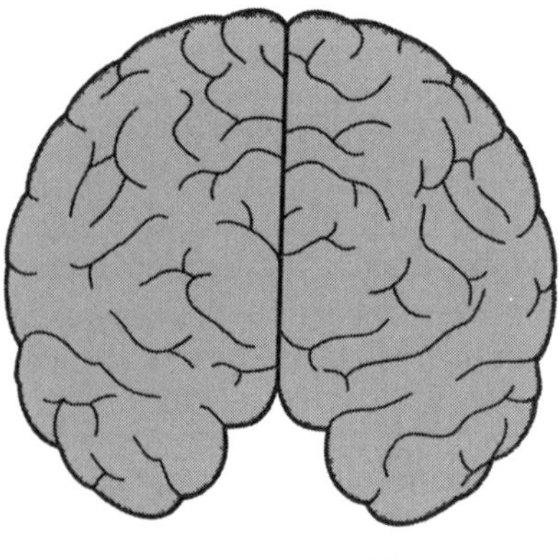

figure 24 les hémisphères gauche et droit du cerveau

Lorsqu'une personne médite, les besoins en oxygène de son corps chutent, le cœur et la respiration ralentissent, la tension artérielle diminue. Cela procure un état profond de relaxation. L'enregistrement de l'activité cérébrale montre une augmentation des rythmes alpha, caractéristiques de cet état de détente.

Il existe de nombreuses méthodes pour méditer, mais la technique de base est un outil très efficace et bénéfique que n'importe qui peut utiliser pour se détendre. Celle que nous décrivons utilise un mot comme support de méditation. De même que pour les techniques de relaxation décrites précédemment, il faut pratiquer dans un endroit suffisamment tranquille et agréable. Attention toutefois, la méditation ne convient pas aux personnes qui souffrent d'épilepsie ou de certains troubles psychiatriques.

Méthode pour méditer

Accordez-vous quinze minutes pour pratiquer.

- Trouvez un endroit agréable et tranquille où vous ne serez pas dérangé. Asseyez-vous dans une position confortable, le dos bien droit. Notez l'heure. Respirez lentement, sans forcer, par le ventre. Fermez les yeux, puis dites à voix haute le son « *om* ». Répétez-le plusieurs fois, puis plus doucement jusqu'à cesser de bouger les lèvres et finir par le dire mentalement, encore et encore. Ne cherchez pas à focaliser toute votre attention sur ce mot. Il ne s'agit pas de compter des moutons ! Vous constaterez que votre esprit commence à errer. Des pensées parasites surviennent : « Il faut que j'achète des timbres », « Je dois amener la voiture chez le garagiste »...
- Laissez ces pensées passer, sans chercher à les retenir, et ramenez constamment votre attention sur le son « *om* ». (Ce son aide votre esprit à devenir plus clair et paisible.) Continuez ainsi pendant vingt minutes, puis arrêtez et restez tranquillement assis pendant une minute environ. Rouvrez lentement les yeux. Recherchez des signes de détente comme des extrémités chaudes ou de la salivation.
- Terminez en étirant doucement les bras et les jambes et en faisant deux ou trois respirations lentes et profondes.

N'utilisez pas un réveil pour savoir quand les vingt minutes sont passées. Rouvrez les yeux lentement et regardez l'heure lorsque vous avez l'impression que les vingt minutes se sont écoulées. Avec de la pratique, vous constaterez que vous n'avez aucune difficulté à évaluer sans vous tromper ces vingt minutes. Le temps semblera passer très vite. Parfois même, vous aurez du mal à croire que vous êtes resté assis, détendu, pendant vingt minutes. Si vous méditez régulièrement, à raison de deux fois par jour pendant deux ou trois mois, vous ressentirez des moments de paix intérieure, de détente profonde. Si, toutefois, ce n'était pas le cas, ne vous inquiétez pas et persévérez. L'essentiel, c'est de pratiquer la relaxation.

Essayez de méditer régulièrement chaque matin et soir, à une heure où tout est suffisamment paisible. Prenez vos précautions pour ne pas être dérangé. Tant que vous n'aurez pas bien assimilé cette méthode, vous trouverez peut-être utile d'utiliser des boules Quies. Débranchez le téléphone et vérifiez que la température de la pièce est agréable. Évitez de manger dans les deux heures qui précèdent. Une méditation tard dans la soirée risque de perturber votre sommeil étant donné que cela augmente l'état de vigilance.

Nous vous conseillons de pratiquer la relaxation progressive de Jacobson, la relaxation musculaire profonde et la méditation en position assise, sans soutien pour la tête. La position couchée ne convient pas, car il est alors trop facile de s'endormir. Or le but d'une technique de relaxation est d'amener à un état de calme mental et physique bien différent du sommeil.

Toute technique de relaxation s'apprend et il ne faut pas s'attendre à des résultats immédiats. Avec de la pratique, vous en sentirez peu à peu les bienfaits et finirez par être capable de méditer un court instant ou de vous relaxer en n'importe quelle circonstance.

Les bienfaits de la relaxation

La diminution de l'activité du système nerveux sympathique, obtenue grâce à une technique de relaxation, permet de récupérer et de recharger ses batteries. Vos capacités à faire face deviennent meilleures, ce qui vous amène plus facilement dans la zone du bon stress. En outre, des médecins utilisent des méthodes de relaxation pour traiter leurs patients qui souffrent d'hypertension ou d'hypercholestérolémie sans toujours recourir à des médicaments. En effet, de même que la tension artérielle et le taux de cholestérol dans le sang augmentent lorsque le système nerveux sympathique fonctionne à plein régime, la tension et la cholestérolémie baissent lorsque son activité diminue. Des patients qui pratiquaient la relaxation depuis au moins un mois ont ainsi pu constater une diminution de leur taux de cholestérol et de triglycérides.

Les personnes qui méditent régulièrement auraient moins besoin de voir un médecin que celles qui ne pratiquent pas et, en outre, divers troubles physiques seraient ainsi améliorés. Lors de nos formations visant à apprendre des techniques de relaxation, nous avons pu constater des changements remarquables chez nos participants. Une femme de 38 ans atteinte du syndrome de Raynaud (une affection caractérisée par la constriction des artères des doigts qui se manifeste par des extrémités froides et douloureuses) a ainsi été entièrement soulagée après deux semaines de méditation. Trois ans plus tard, ses symptômes n'étaient pas réapparus une seule fois. Nous avons appris à de nombreuses personnes souffrant de troubles du sommeil à méditer. Le plus souvent, leurs problèmes disparaissaient au bout d'une à deux semaines. Après avoir appris à méditer, une femme sous tranquillisants est parvenue à en diminuer la dose, sous la surveillance de son médecin traitant. Il est vrai que nous ne pouvons pas affirmer que ces problèmes auraient de toute manière disparu, ou auraient été atténués, sans le recours à la méditation et que le bénéfice en revient peut être, simplement, aux soins et à l'attention apportés. Néanmoins, nous disposons de suffisamment de preuves pour penser que les conséquences physiologiques de la méditation peuvent apporter de tels changements. Plusieurs études vont également dans ce sens.

Les autres bienfaits de la relaxation, et en particulier de la méditation, sont un état de vigilance accru et une concentration, une créativité et une mémoire meilleures, ce qui aboutit à une amélioration de l'efficacité et des relations avec autrui. Une pratique régulière permet de parvenir à un bien-être profond, à une attitude différente, plus rationnelle, envers la vie et de transformer la manière dont on fait l'expérience du monde.

12 Revoir son mode de vie

Dans ce chapitre vous apprendrez :

- l'importance de revoir son mode de vie pour mieux gérer le stress;
- une explication biologique des effets d'une vie en proie au stress;
- comment vivre plus efficacement.

RECONSIDÉRER :

- son alimentation ;
- sa consommation de caféine ;
- sa consommation d'alcool ;
- une éventuelle habitude de fumer ;
- sa pratique d'activités physiques ;
- son poids ;
- son sommeil et ses moments de repos.

Vous pouvez modifier de bien des manières votre mode de vie pour devenir plus résistant au stress. Une personne en bonne santé respire la joie de vivre : son estime de soi est grande et elle est peu sujette à l'irritabilité, à la colère et à l'agressivité. Nous passerons en revue l'alimentation, le recours à des stimulants (caféine et nicotine), la consommation d'alcool, le poids, la forme physique, le sommeil et le repos. Notre but n'est pas de proposer un guide exhaustif pour avoir la forme, mais de mettre en avant quelques-uns des points les plus pertinents liés à la réponse au stress.

L'alimentation

Bien s'alimenter permet de lutter efficacement contre le stress. Vous avez donc tout intérêt à :

- manger de manière saine et équilibrée ;
- surveiller vos apports en matières grasses ;
- vérifier que vous ne manquez pas de fibres ;
- apporter chaque jour à votre organisme les sels minéraux, la vitamine C et les vitamines du groupe B dont il a besoin ;
- boire deux litres par jour, essentiellement de l'eau ;
- ne sauter aucun petit déjeuner.

Nous avons tous été submergés de conseils sur ce qu'il convient de manger, au point qu'il est souvent difficile de s'y retrouver. On nous martèle : « Mangez ceci… et non cela. Mangez plus de ceci et moins de cela ». On nous dit tout et son contraire.

Une chose est sûre. Une personne stressée a tendance à manger n'importe comment. Elle est facilement tentée par les repas pris à la va-vite, riches en graisses et en sucre (pour se réconforter), mais pauvres en nutriments et déconseillés pour la santé.

Nous vous suggérons de privilégier les aliments qui aident à combattre le stress. Par exemple, les produits riches en tryptophane comme la viande rouge, la volaille, le gibier, les œufs, les fruits secs oléagineux et le germe de blé stimulent la production de sérotonine, qui aide à resynchroniser le cerveau pour partir, chaque matin, du bon pied. La sérotonine agit sur la capacité à se régénérer et à trouver la sérénité en toute occasion.

Les matières grasses

En dépit du grand nombre d'études menées sur le rapport entre alimentation et santé, bien des choses restent encore à découvrir. C'est ainsi que l'on comprend mal le lien entre les apports en matières grasses et les maladies cardio-vasculaires. Pourtant, le message officiel est clair : « Une alimentation riche en matières grasses augmente le risque de cholestérolémie, qui est associée aux pathologies cardiaques. » Ce dernier point est indéniable, mais un problème de cholestérol est-il vraiment, comme on semble le conclure peut-être un peu hâtivement, dû à ce que l'on mange ? Ce lien est, en fait, controversé et complexe, et les arguments pour ou contre cette hypothèse sortent du propos de ce livre.

Que convient-il de faire ? C'est une question de bon sens : bannir tout excès et s'autoriser, de manière raisonnable, ce que l'on aime. Il ne faudrait pas que l'alimentation vire au trouble obsessionnel, ce qui serait source de stress avec, à la clé, un sentiment de culpabilité pouvant s'avérer plus néfaste qu'une « alimentation déséquilibrée ». Bien évidemment, certaines personnes doivent, pour des raisons médicales, faire attention à ce qu'elles mangent, mais la plupart d'entre nous n'ont pas besoin d'appliquer des règles strictes. Une chose est sûre, notre manière de nous alimenter peut nous aider à contrer le stress.

Comme nous l'avons vu, la réaction d'alarme préparait nos ancêtres à fuir ou à combattre. Lors d'un stress, les muscles ont besoin d'un surplus d'oxygène et d'énergie qui est fourni par le sang, tout à coup plus riche en glucose et en lipides (cholestérol et triglycérides). Or les taux de cholestérol et de triglycérides sont trop importants pour provenir uniquement de l'alimentation. Environ 25 % de notre cholestérol serait d'origine alimentaire, le reste étant fabriqué par le foie. L'exemple des comptables (page 71) dont la cholestérolémie augmentait lorsqu'ils étaient stressés par des délais à respecter montre bien la nécessité d'apprendre à rester zen en toute occasion.

En outre, le risque de maladie coronarienne et de formation de caillot sanguin est accru lorsque le taux de cholestérol et de triglycérides augmente. Chez les personnes souffrant d'angine de poitrine ou d'antécédent d'infarctus, un repas trop gras risque de provoquer une obstruction des vaisseaux coronariens par agglutination de globules rouges et, par conséquent, une crise cardiaque fatale.

Vous avez donc tout intérêt à limiter les apports en matières grasses, en particulier les acides gras saturés. Vous éviterez la menace qui pèse sur vous, en période de stress, à cause de l'augmentation du taux de cholestérol et de triglycérides.

Les fibres

Manger plus de fibres permet de limiter l'absorption des lipides : une partie adhère aux fibres et se retrouve évacuée dans les selles. Attention toutefois à ne pas en ingérer plus de 30 g par jour (apports journaliers recommandés), car certaines vitamines et sels minéraux se fixent également aux fibres. Il y a donc un risque de carence par assimilation insuffisante de nutriments précieux.

Les vitamines

Des apports suffisants en vitamines du groupe B, en vitamine E et en vitamine C sont également conseillés, surtout en cas de stress. Ces vitamines sont indispensables au bon fonctionnement de l'organisme.

La vitamine C aide à combattre le risque infectieux et favorise la cicatrisation de plaies. Il semblerait en outre qu'un manque de vitamine C contribue au dépôt de cholestérol dans les artères. Les aliments riches en vitamine C sont le cassis, le cynorhodon, les agrumes et les légumes verts à feuilles comme le chou.

Les vitamines du groupe B améliorent l'activité mentale, contribuent à de nombreuses réactions chimiques du corps et permettent l'utilisation d'hormones lors de la réponse au stress. On les trouve dans de nombreux aliments, en particulier les céréales complètes, la levure et la viande.

La vitamine E est nécessaire à la bonne santé des membranes des cellules et jouerait un rôle bénéfique contre le vieillissement. Les principales sources de vitamine E sont les huiles végétales, le germe de blé, les graines de tournesol, les noisettes, les céréales complètes (dont le riz).

Une alimentation équilibrée devrait procurer suffisamment de vitamines C et du groupe B. Cependant, si vous êtes stressé, vous avez intérêt à en prendre sous forme de compléments.

Une supplémentation en vitamine E est également conseillée, au moment d'un repas, étant donné que la présence d'acides gras polyinsaturés est nécessaire pour son assimilation. Préférez la forme naturelle d-alpha-tocophérol plutôt que la forme synthétique dl-alpha-tocophérol (moins bénéfique car elle ne renferme que 10 % environ de la forme naturelle). Il faut donc lire attentivement les étiquettes.

Les vitamines C et E et certains sels minéraux comme le sélénium ont des propriétés antioxydantes. Les antioxydants s'opposent aux radicaux libres, ces molécules toxiques produites par l'organisme qui s'attaquent aux cellules et seraient associées à de nombreuses maladies.

Adopter une alimentation équilibrée

Les apports en sels minéraux et en oligoéléments doivent être suffisants. Une alimentation équilibrée apporte normalement tous les nutriments requis. Cependant, il faut éviter toute carence en calcium (présent surtout dans les produits laitiers et les épinards), en magnésium (dans les fruits secs oléagineux, les céréales et le poisson), en fer (dans la viande rouge, les abats, les légumes verts à feuilles et les céréales complètes), en zinc (dans le son, la viande et les produits laitiers), en manganèse (dans les céréales complètes, les fruits secs oléagineux et l'avocat), en sélénium (dans la viande, les produits laitiers et les céréales complètes) et en chrome (dans les céréales complètes, la levure de bière et le fromage). Tous ces sels minéraux sont impliqués dans la réponse au stress et, s'ils sont présents en quantité suffisante, permettent de s'opposer alors à un mauvais fonctionnement de l'organisme et à des problèmes de santé.

Cela ne signifie pas qu'il faille manger plus quand on est stressé, mais plutôt veiller à ce que son alimentation soit saine et équilibrée pour aider le corps à mieux résister. De même, on risque de manquer de protéines, car le cortisol les mobilise pour les convertir en énergie. Il faut donc en manger suffisamment lors d'une période de stress prolongée. Même si l'on n'a envie de rien, un effort s'impose.

En revanche, il est déconseillé de prendre des doses importantes de vitamines ou de sels minéraux si l'on n'est pas suivi par un médecin. Tout surdosage serait néfaste pour l'organisme. Demandez l'avis de votre pharmacien et ne dépassez jamais les apports journaliers recommandés (AJR).

La réponse au stress augmente la transpiration, ce qui risque de provoquer une déshydratation et de favoriser la formation de caillots (le sang épais coagule plus facilement). Il faut donc boire au moins un litre d'eau chaque jour.

Outre les précautions citées précédemment, une alimentation équilibrée s'impose. Elle doit apporter suffisamment de calories pour ne pas manquer d'énergie ainsi que la bonne proportion de nutriments essentiels. Prévoyez environ 10 % à 15 % de protéines, 30 % à 35 % de lipides (des acides gras saturés pour moitié et des acides gras insaturés, à savoir polyinsaturés et monoinsaturés, pour l'autre moitié), 50 % à 60 % de glucides et des apports suffisants en vitamines, en sels minéraux et en eau.

En termes concrets, cela signifie :

- diminuer les apports en matières grasses, en particulier en acides gras saturés (surtout des produits d'origine animale) ;
- augmenter les apports en glucides complexes riches en fibres (céréales complètes, pain complet, son, légumineuses, fruits secs oléagineux et graines) ;
- manger plus de fruits et de légumes, de préférence frais ou congelés et non en boîte.

S'alimenter correctement, c'est bien sûr veiller à ne manger ni trop ni trop peu, mais c'est aussi s'abstenir d'avaler n'importe quoi n'importe comment. Il est facile de sauter un repas quand on est sous pression, de limiter le petit déjeuner à une tasse de café et le déjeuner à un sandwich, comme de grignoter en permanence.

Écoutez votre corps. Il saura vous dire de quoi vous avez besoin. Il n'est pas toujours opportun de respecter la règle des trois repas par jour. Il vaut ainsi mieux manger moins, mais plus souvent, tout au long de la journée que se limiter à un ou deux gros repas dont votre système digestif aura le plus grand mal à venir à bout.

D'après les nutritionnistes, le petit déjeuner devrait être le repas le plus important de la journée. C'est lui qui permet de prendre un bon départ. Le sauter amène à se sentir rapidement fatigué, irrité, dépressif, confus et incapable de se concentrer. L'idéal serait un petit déjeuner à base de glucides non raffinés, de protéines et d'un peu de matières grasses, par exemple des céréales, un yaourt maigre, une tranche de jambon ou un fruit frais. Cela procure de l'énergie tout au long de la journée, sans « coup de barre ». Le déjeuner devrait être plus important que le dîner, qu'il vaut mieux prendre tôt pour éviter que la digestion ne nuise à l'endormissement. De cette manière, le système digestif est au repos pendant la nuit.

Ce que nous mangeons (et quand) peut également affecter nos activités mentales, en particulier notre mémoire et notre pouvoir de concentration. C'est pourquoi des repas très riches en glucides et pauvres en protéines sont déconseillés, surtout aux personnes de plus de 40 ans.

La caféine

- Diminuer la caféine
- Préférer des boissons décaféinées

La caféine prise en quantité raisonnable a de nombreux bienfaits pour la santé. L'excès est, en revanche, néfaste. Étant donné que la caféine stimule la libération de catécholamines, des hormones du stress, boire plus de café alors que l'on est assailli de toutes parts par des sollicitations revient à jeter de l'huile sur le feu et mène droit dans la zone du mauvais stress.

La caféine se trouve principalement dans le café, le thé, le cacao, le chocolat et les boissons chocolatées ou à base de cola.

Boire six tasses de café (ce qui représente environ 1 g de caféine) stimule de manière excessive le système nerveux et la production de catécholamines, en particulier la noradrénaline. Or si cette hormone est trop présente par rapport à nos besoins, notre réaction au stress sera maximale.

Teneur en caféine de quelques boissons courantes

		Teneur en mg pour 1 tasse de 190 ml
Café	filtre	240
	expresso	192
	instantané	104
	décaféiné	3
Thé noir		50
Thé vert		10
Boissons au cola		5-35
Chocolat (cacao véritable)		5-145
Chocolat (poudre)		10

Remarque : ces chiffres sont approximatifs. La teneur réelle en caféine dépend en fait de la variété utilisée et de la force de la boisson.

Grâce à l'action de la noradrénaline, la caféine augmente la vigilance et l'efficacité, mais un excès en fin de journée empêche bien des personnes de s'endormir. Les grands consommateurs de caféine sont peut-être « accros » à son effet stimulant et agréable induit par la noradrénaline.

La caféine accélère la fréquence cardiaque, ce qui risque de devenir problématique en cas d'activation d'une réponse au stress, car les catécholamines qui sont alors libérées font de même. Cette activation des battements du cœur fatigue inutilement cet organe vital et représente un danger potentiel pour les coronaires. Plus grave encore, la caféine peut provoquer des troubles du rythme cardiaque, parfois fatals.

La caféine stimule en outre la production d'acide par l'estomac, à l'origine de brûlures gastriques et d'indigestion ; par ailleurs, cette stimulation constitue un facteur aggravant d'ulcère. Étant donné que l'activité de l'estomac est ralentie lors d'une réponse au stress, la caféine prise à un tel moment stagnera plus longtemps et sera donc potentiellement plus néfaste. D'autres problèmes de l'appareil digestif, comme une colopathie ou des hémorroïdes, sont également aggravés par la caféine.

Enfin, il semblerait qu'un excès de caféine augmente le cholestérol sanguin en raison de l'action de la noradrénaline (de 5 % environ avec quatre tasses de café et de 12 % avec 10 tasses). Si l'on y ajoute l'hypercholestérolémie résultant d'une période de stress et celle due à l'alimentation, cela constitue un risque potentiel.

Évitez donc de dépasser 500 mg de caféine par jour et privilégiez le café décaféiné, les tisanes et autres boissons dépourvues de caféine.

L'alcool

- Boire avec modération
- Éviter les fêtes trop arrosées
- Privilégier les boissons peu alcoolisées et l'eau

La plupart connaissent les effets de l'alcool. Un ou deux verres aide à se détendre mais, au-delà, bonjour les dégâts ! Vous oubliez les problèmes qui vous stressent et c'est là où le bât blesse, car il est alors tentant de les « noyer » dans l'alcool. On se retrouve à boire de plus en plus pour s'apercevoir, dès qu'on a de nouveau les idées claires, que les problèmes sont toujours là. Malheureusement, bien des personnes s'adonnent à l'alcool pour son effet tranquillisant. Ce n'est pourtant pas la solution.

Un abus d'alcool peut devenir un problème de santé à l'origine de nombreux troubles physiques et comportementaux. Toutefois, selon bien des spécialistes, boire avec modération aurait des effets bénéfiques. Difficile de s'y retrouver.

Étant donné qu'on ne consomme pas d'alcool à l'état pur, l'Organisation mondiale de la santé (OMS) a défini une « unité d'alcool » qui permet de savoir précisément combien on a bu.

Une unité correspond à 10 g d'alcool et s'obtient en multipliant le volume (en ml) par la teneur en alcool (en %) puis en divisant le tout par 1 000. Par exemple, un grand ballon de 15 cl (150 ml) de vin rouge à 12 % correspond à 1,8 unité d'alcool (150 x 12 / 1 000 = 1,8). De même, un whisky (4 cl) pur malt à 40 % équivaut à 1,6 unité, un porto (6 cl) à 19 % à 1,14 unité et une bouteille (25 cl) de bière blonde à 3,4 % à 0,85 unité.

Une femme ne devrait pas dépasser 2 unités par jour et un homme 3 unités par jour. Attention, car il s'agit là du nombre maximal et, en aucun cas, d'un « crédit » d'unités en prévision d'une fête à venir (le seuil à ne jamais dépasser étant de 4 unités en une seule occasion). Ce n'est pas parce qu'on ne boit pas un jour que l'on peut doubler sa consommation le lendemain. Pour en savoir plus, vous pouvez consulter le site du ministère de la Santé sur ce sujet : www.sante.gouv.fr/htm/dossiers/alcool/sommaire.htm.

Tout comme le stress, l'alcool est mauvais pour le cœur et les vaisseaux sanguins, surtout chez les personnes souffrant de maladie cardiaque. L'alcool provoque une dilatation des vaisseaux situés sous la peau, ce qui libère de la chaleur. C'est pourquoi on a chaud quand on boit. Cependant, cette vasodilatation ne dure pas et, surtout, elle fait perdre en chaleur interne. Les personnes âgées qui ont l'habitude de boire un verre au moment du coucher pour se détendre, avoir chaud et favoriser l'endormissement doivent être particulièrement vigilantes. En effet, si elles ne sont pas déjà couchées, elles risquent de voir leur température corporelle chuter rapidement, avec un risque d'**hypothermie** lorsque la chambre est mal chauffée.

L'abus d'alcool sur une longue période peut être la cause d'hypertension, surtout chez les personnes ayant ce type d'antécédent familial. C'est pourquoi les personnes hypertendues doivent limiter leur consommation d'alcool. Les fêtes trop arrosées provoquent parfois des troubles du rythme cardiaque pouvant être fatals, en particulier en cas de maladie coronarienne. Cela s'explique par une action des catécholamines, induite par l'alcool, à l'origine d'une arythmie. Une autre bonne raison pour faire preuve de modération !

L'alcool modifie également le bilan lipidique. Le « bon » cholestérol, ou cholestérol HDL, augmente en cas de consommation raisonnable, ce qui est bénéfique. En revanche, l'abus entraîne un excès de cholestérol et de triglycérides dans le sang, une nouvelle nettement moins réjouissante.

C'est le foie qui métabolise l'alcool, au détriment des glucides et des lipides fournis par l'alimentation. Les graisses ont alors tendance à stagner dans le sang, qui devient plus visqueux, ce qui augmente le risque de formation de caillots et diminue l'apport d'oxygène par les globules rouges aux différents organes. Toute personne cardiaque devrait demander conseil à son médecin traitant pour savoir si elle peut boire et en quelle quantité. En cas d'excès, il faudrait s'abstenir pendant au moins deux jours afin de permettre au foie de récupérer.

Par ailleurs, l'alcool est très calorique. Ces calories « vides » contribuent à un problème de surpoids et à une alimentation déséquilibrée. Une unité d'alcool, qui correspond à 10 g d'alcool pur, apporte 70 kilocalories (l'équivalent de 18 g de sucre de table). Si vous devez perdre du poids, la première chose à faire est donc de supprimer l'alcool ! En outre, alors qu'une consommation modérée stimule l'appétit, les gros buveurs ont tendance à se désintéresser de la nourriture. Ils sont souvent dénutris et carencés en vitamines et en sels minéraux indispensables pour la santé.

Pour résumer, un verre ou deux sont peut-être bénéfiques, mais pas plus. En outre, l'alcool ne fait pas bon ménage avec le stress et les maladies cardio-vasculaires. Évitez tout excès et privilégiez les boissons faiblement ou non alcoolisées et l'eau.

Le tabac

- Fumer moins ou plus du tout
- Éviter le tabagisme passif

Notre propos n'est pas de contribuer au débat pour savoir si l'on peut, ou non, fumer. Il est néanmoins médicalement avéré que c'est mauvais pour la santé, fumer étant associé notamment au cancer du poumon et aux maladies cardio-vasculaires. En raison du lien qui existerait entre plusieurs pathologies fréquentes chez les fumeurs et le stress, il vaut mieux s'abstenir.

Certaines personnes confrontées à de multiples sollicitations fument pour décompresser. Tenir une cigarette suffit à atténuer l'effet de facteurs potentiels qui provoqueraient, sinon, du mauvais stress. Est-il préférable de fumer ou d'être stressé ? À nos yeux, il vaut mieux utiliser des stratégies pour faire face qui soient bonnes (comme celles que nous décrivons dans ce livre) plutôt que mauvaises pour la santé (comme fumer). Des études ont montré que l'association de facteurs de stress et de la cigarette peut activer une réponse au stress supérieure à ce qui résulterait du tabac ou du stress seul. C'est peut-être, en partie, une conséquence de la respiration qui devient plus rapide et profonde lors d'une réponse au stress. Par conséquent, on inhale plus de fumée que si l'on était détendu.

La nicotine est le principal coupable lors d'une réponse au stress. Comme la caféine, elle stimule la production de catécholamines, en particulier de noradrénaline. C'est peut-être pourquoi les fumeurs sont souvent carencés en vitamine C (elle participe à la synthèse d'hormones du stress). Or ce déficit favorise le dépôt de cholestérol dans les artères, ce qui expliquerait le lien entre tabac et maladies coronariennes.

Fumer contribuerait à maintenir un niveau élevé de noradrénaline, qui sollicite les centres du plaisir dans le cerveau. S'agit-il, là aussi, d'une addiction à la noradrénaline ? La nicotine stimule le cœur, qui bat plus vite, et provoque une vasoconstriction. Ces effets peuvent aggraver des problèmes cardiaques et vasculaires : maladie coronarienne, hypertension et claudication intermittente (à cause de crampes dans les jambes dues à une mauvaise circulation sanguine).

La nicotine est certes à blâmer, mais également le monoxyde de carbone présent dans la fumée de la cigarette. Il se combine avec l'hémoglobine des globules rouges, qui transporte l'oxygène, ce qui réduit l'oxygénation des organes du corps. Le monoxyde de carbone favorise comme la nicotine la formation de caillots sanguins.

Chez certaines personnes, le tabac a des effets bénéfiques. La nicotine (la noradrénaline en fait) augmente la vigilance et l'efficacité, des bienfaits associés à l'aspect combatif de la réaction d'alarme. Comme, toutefois, les fumeurs sont rarement en train de combattre ou de se dépenser physiquement, cet avantage n'est pas utilisé de manière appropriée.

Il est désormais avéré que le tabagisme passif (respirer la fumée de cigarettes d'autres personnes) est néfaste. Vous avez donc tout intérêt à demander qu'on ne fume pas en votre présence pour éviter un risque inutile de mauvais stress.

L'activité physique

- Prendre l'escalier et non l'ascenseur
- Marcher, au moins en partie, pour aller travailler
- Faire chaque jour une activité physique

La finalité de la réaction d'alarme est de pousser une personne en danger à combattre ou à fuir, en d'autres termes à accroître son activité. Lorsque nous faisons de l'exercice, il survient essentiellement la même chose dans notre corps, les émotions dues au stress en moins. Pour nos ancêtres et nos grands-parents, la vie était bien plus physique. Il fallait pousser la charrue et marcher des kilomètres, ce qui venait facilement à bout des lipides et des catécholamines produits par leur réponse au stress. Désormais, il y a les ascenseurs, les escaliers mécaniques et la voiture. Nous vivons à une époque d'inactivité. D'après des études, les écoliers n'ont jamais été aussi peu en forme physiquement. Notre époque est également riche en facteurs de stress psychologiques et en crises émotionnelles qui déclenchent des réponses au stress pour nous préparer à agir alors qu'en fait notre activité musculaire est très limitée. En raison de notre mode de vie sédentaire, plus grand monde n'a le temps ni l'envie de se dépenser pour éliminer l'effet des catécholamines. S'énerver au téléphone déclenche une réaction d'alarme, mais nous restons assis sans bouger (au mieux, nous nous en prendrons au bureau). Nous raccrochons le téléphone et nous restons avec notre sang chargé de sucres et de lipides inutilisés. Le meilleur moyen de s'en débarrasser est de faire de l'exercice. Partez marcher à vive allure après le repas ou le travail. Si vous êtes dans tous vos états, à votre bureau, et ressentez des signes de mauvais stress, absentez-vous quelques minutes pour monter et descendre plusieurs fois l'escalier. Vous éviterez ainsi, ou vous atténuerez, un mauvais stress et serez à nouveau détendu, prêt à travailler efficacement. Rester à votre bureau ne ferait que vous rappeler la cause de votre tension.

Une activité modérée de trente minutes par jour modifie le métabolisme de base et aide à optimiser le poids corporel. Selon des études, il vaudrait mieux fragmenter cette demi-heure et répartir l'activité sur toute la journée. L'exercice physique est essentiel pour surveiller son poids. En outre, faire un peu de sport contribue à diminuer le « mauvais » cholestérol (cholestérol LDL) et à augmenter le « bon » cholestérol (cholestérol HDL) qui protège des maladies cardio-vasculaires.

Mise en garde : un exercice trop intensif sans période de repos produit un excès de cortisol qui peut entraîner des problèmes de poids.

Quand on bouge régulièrement, on se sent en forme, ce qui augmente le sentiment de bien-être. On est content de soi et plus à même de faire face aux sollicitations de la vie de tous les jours. Comme la qualité de notre sommeil s'améliore, nous sommes encore mieux armés pour réagir – un autre aspect essentiel de nos ressources pour gérer le stress.

Faire du sport ne doit pas être ruineux. Il est inutile d'acheter la dernière tenue à la mode ou des appareils sophistiqués. La marche, la natation ou le vélo sont des activités relativement bon marché.

S'occuper de soi permet en outre de se faire de nouvelles relations. Trouvez des activités plaisantes, dépourvues d'esprit de compétition, et qui conviennent à vos possibilités physiques, votre emploi du temps et votre personnalité. En règle générale, préférez une activité simple : de la marche plutôt que du squash, surtout si votre condition physique n'est pas excellente.

Ne vous ruez pas sur un programme intensif (cela vaut surtout pour les individus de type A !), en particulier si vous avez plus de 35 ans. Faites au préalable un bilan complet chez votre médecin, surtout si vous êtes fragile du cœur. Prévoyez un programme qui débute en douceur pour, peu à peu, augmenter la difficulté mais sans jamais forcer. Si vous avez mal (en particulier à la poitrine) ou si vous avez le souffle court, arrêtez immédiatement et consultez au plus vite un médecin. La santé avant tout !

Évitez de pratiquer si vous n'êtes pas en forme, en particulier si vous avez la grippe ou une autre maladie infectieuse, car une infection se propage alors plus rapidement au muscle cardiaque. Attendez un peu après avoir mangé et, quand vous faites du sport, ne forcez jamais jusqu'à vous retrouver incapable de parler. Surveillez votre pouls (figure 25) et restez toujours dans les limites de sécurité indiquées dans le tableau qui suit :

Pouls (nombre de pulsations maximal par minute)		
Âge	Mauvaise condition physique	Bonne condition physique
20	140	170
30	130	160
40	120	150
50	110	140
60	110	130
70 et au-delà	90	120

Ces chiffres ne sont qu'un indicateur général étant donné qu'il faut prendre de nombreux facteurs en considération, à commencer par l'état général. Consultez toujours votre médecin traitant avant de débuter une nouvelle activité physique.

Comment savoir si votre condition physique est bonne ou non ? Le plus simple est de voir en combien de temps votre pouls revient à la normale après un exercice. Chez les individus en forme, une minute ou deux suffisent. Au-delà, cela signifie probablement que votre condition est médiocre.

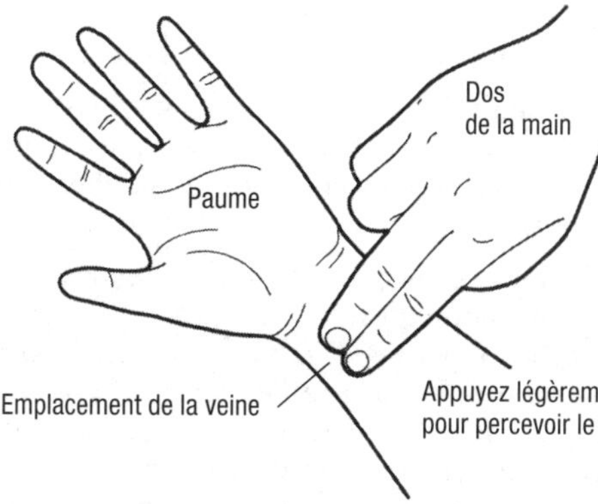

figure 25 prendre son pouls

En attendant, allez faire les courses à pied plutôt qu'en voiture, marchez pour vous rendre à votre travail au lieu de prendre les transports en commun ou descendez quelques arrêts plus tôt. Préférez l'escaliers à l'ascenseur. Une marche rapide, deux ou trois fois par semaine, vous aidera à retrouver de l'endurance, surtout si vous choisissez un chemin escarpé. Marcher est la manière la plus facile, la plus sûre et la moins coûteuse de rester en forme.

Le poids

- Conserver ou retrouver son poids idéal
- Équilibrer la consommation de calories ingérées avec la dépense d'énergie.

Le surpoids (et *a fortiori* l'obésité) est mauvais pour la santé et source potentielle de stress. Outre que l'obésité est un facteur qui contribue au diabète et aux maladies cardio-vasculaires, elle diminue l'estime de soi et crée des problèmes émotionnels. Il semblerait que le risque, pour la santé, soit proportionnel à l'importance de l'obésité.

Le poids dépend de plusieurs facteurs et se mesure, pour savoir s'il est ou non dans les normes, grâce à l'indice de masse corporelle (IMC). On l'obtient en divisant le poids (exprimé en kilos) par la taille au carré (exprimée en mètres) : IMC = poids (kg)/taille^2 (m). Le poids d'un individu est normal s'il est compris entre 18,5 et 25. On parle de surpoids entre 25 et 30; d'obésité modérée entre 30 et 35,5; d'obésité sévère entre 35,5 et 40; et d'obésité massive au-delà. En fait, l'IMC est un peu différent pour un homme et une femme : pour un homme, le chiffre idéal tourne autour de 23 (entre 20,5 et 26) et, pour une femme, autour de 21 (entre 19 et 23).

Attention cependant à ne pas interpréter cet IMC au pied de la lettre. Une personne très musclée aura un IMC plus important, non parce qu'elle est « obèse » mais en raison de sa masse musculaire supérieure à la normale.

Étant donné que l'IMC ne permet pas de connaître la répartition de la graisse, on a introduit un second indicateur de « corpulence » : le ratio taille/hanches. Il permet d'établir la présence éventuelle d'un excès de graisse au niveau de la taille considéré comme mauvais pour la santé, notamment en ce qui concerne le risque de maladie cardio-vasculaire. Les personnes enrobées au niveau de la taille ont classiquement une silhouette en forme de pomme et, si la graisse s'accumule sur les hanches et les cuisses, en forme de poire. C'est la silhouette en forme de pomme qui est potentiellement néfaste.

Pour calculer votre ratio taille/hanches, mesurez avec un mètre de couturier votre tour de taille (juste entre les hanches et le bas des côtes flottantes) et le tour maximal de vos hanches. Divisez le tour de taille par le tour de hanches (en centimètres). Si, par exemple, votre tour de taille est égal à 94 cm et votre tour de hanche à 105 cm, le ratio est de 0,89 (94/105).

Le ratio doit idéalement être inférieur à 0,85 pour une femme et à 0,9 pour un homme. S'il est supérieur à 1, il y a un risque pour la santé.

Bien des causes expliquent un problème de poids. Si manger trop et ne pas faire assez d'exercice sont des raisons évidentes, un déséquilibre hormonal et le stress le sont moins. Souvent, le surpoids n'est pas le problème véritable mais la conséquence de difficultés d'ordre émotionnel. Une personne qui manque de stimulations (mauvais stress) aura tendance à manger par ennui. Pour s'occuper, elle grignotera tout au long de la journée, de préférence des aliments riches en calories. La solution serait de trouver de quoi s'occuper ou de se lancer un nouveau défi, comme de s'adonner à un loisir, d'adhérer à un club ou de mettre en route un nouveau projet. Il faut repenser son mode de vie afin de découvrir pourquoi l'ennui tient une telle place.

Une mauvaise estime de soi est souvent la cause d'un besoin compulsif de manger et de boire. Or la prise de poids qui en résulte aggrave en plus une mauvaise image de soi. Reportez-vous au chapitre 14 pour sortir de ce cercle vicieux. Maintenir un poids idéal présente de nombreux avantages. Il est plus facile de se sentir en forme, et de le rester, quand on n'est pas trop enrobé. On est à l'aise avec soi-même et son apparence. Ce n'est donc pas un hasard si les campagnes d'amaigrissement, les régimes et les conseils en tout genre rencontrent un tel succès. Cependant, maigrir est probablement le sujet de santé le plus controversé. L'unique réponse efficace pour perdre du poids et rester mince est d'équilibrer les apports en énergie (les calories apportées par l'alimentation) avec les dépenses en énergie (lors des activités quotidiennes).

Pour maigrir, il faut ingérer moins de calories que l'on n'en dépense. La perte de poids doit être progressive (il ne s'agit pas de s'affamer). Mangez un peu moins de calories et dépensez un peu plus d'énergie. Chez une personne en surpoids sans problème médical, cette méthode a fait ses preuves et n'est pas coûteuse. Il faut :

- savoir combien de calories sont dépensées lors de différentes activités (voir ci-dessous) ;
- connaître la teneur en calories des aliments (voir page 156) ;
- savoir combien de calories sont nécessaires pour assurer le bon fonctionnement du corps (voir par exemple www.mesregimes.com/calcul-besoins.htm) ;
- recevoir l'essentiel des calories sous la forme de glucides complexes comme les céréales ou les pâtes complètes, les pommes de terre ;
- planifier ses repas et ses activités ;
- faire preuve de volonté pour ne pas se laisser tenter par les aliments riches en calories ;
- faire preuve de patience.

Surveiller son poids en calculant ses dépenses caloriques			
Énergie dépensée (en kilocalories) pour 30 minutes d'activité			
Activité	Kilocalories	Activité	Kilocalories
Dormir	35	Se laver et s'habiller	100
Marcher (3 km/h)	100	Faire le ménage	75
Manger assis	75	Être assis (détendu)	50
Écrire assis	55	Faire des courses	100
Jouer au golf	100	Jouer au tennis	175
Nager	250	Jouer au squash	325
Monter une pente	175	Courir	150
Jardiner	150	Conduire	70
Faire du vélo	100	Être couché, se reposer	40

Commencez par calculer vos besoins en énergie à partir des calories nécessaires pour vos activités quotidiennes, puis calculez combien de calories vous apporte votre alimentation. Notez la différence : l'énergie reçue moins celle dépensée. Si votre but est de maigrir, vos dépenses doivent être supérieures à vos apports. Pour perdre un kilo, il faut dépenser 7000 kilocalories. Si vous dépensez chaque jour 100 kilocalories de plus que ce que vous mangez, vous mettrez deux mois pour perdre un kilo. Si vous en dépensez 500 de plus, vous perdrez un demi-kilo par semaine.

Dépenser 500 calories de plus chaque jour équivaut à ajouter une heure de natation ou deux heures et demie de marche ou de vélo. Il est souvent plus facile de diminuer les apports en calories. Ainsi, un carré de chocolat au lait (20 g) correspond à une heure de marche. Si vous êtes en surpoids et entamez un programme de remise en forme, vous gagnerez sur tous les tableaux (condition physique et silhouette) !

Peser tout ce que l'on mange est fastidieux. C'est pourquoi nous vous proposons un guide, approximatif, qui vous aidera à maigrir en comprenant les principes de base d'un régime.

N'oubliez pas que l'on mange pour donner à son corps ce dont il a besoin, mais que c'est également l'un des plaisirs de la vie.

Surveiller son poids en calculant ses apports caloriques			
Énergie apportée (en kilocalories) pour une portion moyenne			
Aliment	Kilocalories	Aliment	Kilocalories
Beurre et margarine	100	1 œuf au plat	140
1 œuf à la coque	80	Lait écrémé, dans du thé ou du café	5
Lait entier, dans du thé ou du café	10	Céréales All-Bran	90
Corn flakes	100	Pain (1 tranche moyenne)	80
Riz, cuit à l'eau	130	Croissant	190
Poulet, rôti	150	Bacon, frit	340
Saucisses (2 grandes)	280	Bœuf, bifteck grillé	350
Pommes de terre, cuites à l'eau	100	Banane	50
en robe de chambre	80	Pomme	30
chips	300	Pamplemousse (½)	20
sautées	140	Orange	40
Glace	100	Chocolat noir (50 g)	250

Bière (un demi)	305	Sucre (1 cuill. à café)	30
Thé, sans lait ni sucre	0	Café, noir	0
Emmenthal	151	Jus de fruits, sans sucre ajouté	70
Camembert	100		

Si vous avez besoin de maigrir, prévoyez des menus équilibrés et agréables. Mangez peu et souvent afin d'éviter toute fringale et de vous ruer sur n'importe quoi. Évitez de cuisiner avec de la matière grasse. Préférez les cuissons à la vapeur, dans une poêle antiadhésive ou au four, en papillote. Privilégiez les légumes et les fruits frais, comme les carottes râpées qui sont savoureuses et calent bien l'estomac. Limitez le plus possible les matières grasses, le sucre et les gâteaux.

Le sommeil et le repos

- Se reposer et dormir suffisamment
- Instaurer un rituel pour aller se coucher

Il est indéniable que pour faire face aux aléas de la vie, bien dormir est un atout majeur. Le sommeil et le repos sont essentiels pour la survie, la santé, la forme et le bien-être. Le cerveau et le corps ont besoin de ralentir le rythme pour vous permettre de recharger vos batteries afin de repartir du bon pied, prêt à affronter une nouvelle journée pleine de sollicitations, de menaces, de défis à relever et d'activités multiples et variées.

La qualité du sommeil est plus importante que sa quantité. Cependant, dormir trop ou pas assez risque de rendre irritable et peu efficace. Combien faudrait-il dormir ? Cela varie beaucoup d'une personne à une autre. La moyenne tourne autour de sept heures par nuit, mais certaines n'ont besoin que de cinq heures. Souvent, c'est plus l'inquiétude à propos du manque de sommeil qui pose problème que le fait de dormir moins.

Si vous avez souffert de troubles du sommeil, ne craignez pas que cela affecte votre santé ou votre efficacité. En effet, même si l'on se réveille dans la nuit, on dort plus qu'on ne le croit et, en tout cas, suffisamment pour éviter des conséquences néfastes. Votre organisme est conçu pour vous procurer suffisamment de sommeil. C'est une question de survie.

Le stress est l'une des causes principales des troubles du sommeil : on reste éveillé la nuit en essayant désespérément de s'endormir, préoccupé par des problèmes présents ou à venir. Et lorsqu'on trouve finalement le sommeil, c'est pour se réveiller le lendemain matin complètement épuisé, constatant que les angoisses et les soucis sont toujours là… Quant aux personnes dépressives, elles n'ont souvent aucune difficulté à s'endormir, mais elles se réveillent généralement au beau milieu de la nuit ou trop tôt.

Pour un sommeil de qualité, il est important de retrouver des cycles naturels. La phase où l'on rêve, qui correspond au sommeil paradoxal (encore appelé stade PMO ou phase de mouvements oculaires), est vitale. Le rêve, même si on ne s'en souvient pas au réveil, est la manière qu'a trouvée le cerveau pour remettre de l'ordre dans les informations et les problèmes de la journée passée et permettre au corps et à l'esprit de récupérer pleinement. L'alcool, les tranquillisants et les barbituriques diminuent la quantité de sommeil paradoxal si bien qu'on se sent, au réveil, fatigué ou déprimé. Si vous faites des cauchemars, c'est peut-être un signe d'anxiété ou d'état dépressif. Les cauchemars récurrents sont la preuve d'un mauvais stress. La méditation permet d'atténuer l'anxiété associée aux cauchemars et même de s'en débarrasser.

Si vous dormez mal, voici quelques conseils :

- Instaurez un rituel qui vous conditionnera pour vous endormir. Débranchez la télé, buvez un verre de lait chaud (il renferme du tryptophane, qui favorise l'endormissement), lavez-vous les dents et lisez une courte histoire agréable au lit.
- Évitez de faire la sieste la journée ou le soir.
- Asseyez-vous confortablement sur le lit et méditez pendant cinq minutes, puis allongez-vous.
- Évitez, avant d'aller vous coucher, la caféine, l'excès d'alcool et un repas trop lourd, en particulier les aliments riches en fibres et en matières grasses.
- Faites en sorte de bouger suffisamment durant la journée.
- Si vous n'arrêtez pas de gamberger, allez à la cuisine boire un verre de lait chaud. Quand vous serez plus calme, retournez vous coucher et pensez à un paysage agréable qui vous rassure. Représentez-le vous mentalement et concentrez-vous sur cette scène.
- Vérifiez que votre chambre est propice à l'endormissement : pièce ni trop chaude ni trop froide et silencieuse, une couette légère plutôt qu'une couverture lourde. Débranchez tous les appareils électriques (pour ne pas être gêné par le bourdonnement) et empêchez la lumière de pénétrer à l'aide de rideaux épais.

Faire la sieste peut atténuer le stress et contribuer à mieux le gérer. Plusieurs études ont montré que la sieste augmente l'efficacité et les capacités à faire face. En fait, d'après des chercheurs, nous aurions besoin, chaque jour, de deux périodes de sommeil : la nuit et lors d'une courte sieste, dans l'après-midi. Environ 12 heures après notre nuit de sommeil, la température de notre corps baisse, ce qui nous rend somnolent. Pour la plupart des personnes, cette période coïncide avec le moment qui suit le déjeuner, vers 14 heures. Dans de nombreux pays, la sieste l'après-midi est une pratique bien ancrée dans les mœurs. Il semblerait que, dans nos sociétés industrielles modernes, les personnes qui travaillent n'aient plus la possibilité de faire la sieste. Même si nous pouvions en trouver le temps, cela serait considéré comme incongru – alors que l'on accepte que quelqu'un aille marcher ou courir. Ce n'est pas le cas au Japon, où des pièces sont spécialement équipées pour permettre aux travailleurs de faire la sieste. D'après notre expérience et ce qu'on nous en a rapporté, une courte sieste aide à recharger les batteries. On est ensuite plus vigilant et productif. Les spécialistes du sommeil conseillent de faire une sieste d'environ 15 minutes car, au-delà, cela risquerait d'être contre-productif et d'empêcher de bien dormir la nuit. Il semblerait également qu'une tasse de café ou de thé prise juste avant une sieste maximiserait les bienfaits de ce temps de repos, car la caféine agit au bout d'un quart d'heure environ, ce qui coïncide avec le moment du réveil.

Le manque de sommeil peut aboutir à des problèmes de poids à cause des hormones qui contrôlent la faim et la satiété, respectivement la leptine et la ghréline. Selon des études, manquer de sommeil, ne serait-ce que quelques jours, diminuerait sensiblement la leptine et augmenterait la ghréline. Cela déclencherait une réponse de « faim » qui inciterait à manger, en particulier des aliments sucrés et salés et des féculents. C'est indéniablement mauvais pour notre capacité de surmonter le stress.

13 Modifier un profil comportemental de type A

Dans ce chapitre vous découvrirez :

- l'importance jouée par un profil de type A dans le stress;
- ce qu'il convient de faire pour atténuer un comportement de type A;
- des techniques pour modifier un comportement de type A.

COMMENT PASSER D'UN PROFIL DE TYPE A À UN PROFIL DE TYPE B ?

- Ralentir le rythme, prendre son temps et apprécier ce qu'on fait
- Ne faire qu'une chose à la fois et y prendre plaisir
- Apprendre à s'occuper quand il faut attendre
- Planifier ses activités de la journée pour éviter de faire la queue
- Accepter les erreurs et les futilités, chez soi et autrui
- S'abstenir de se mettre en colère pour des choses qu'on ne peut changer
- Éviter de s'imposer des délais inutiles et de surcharger son planning de rendez-vous
- Rire, donner de l'amour et de l'affection
- Écouter réellement les autres
- Apprendre à se détendre, regarder autour de soi et apprécier la nature et ce qui nous entoure
- Jouer pour le plaisir et non pour gagner

De par leurs croyances, leur attitude face à la vie et leurs habitudes, les individus de type A perçoivent souvent, à tort, les situations comme des menaces ou des défis à relever. Un bouchon de circulation ou une queue qui n'en finit pas au supermarché ne met nullement en danger l'existence, mais provoque chez certains de la colère qui activera l'aspect combatif agressif d'une réaction d'alarme.

Comment devient-on un individu de type A ?

Des études sur la prévalence d'un comportement de type A chez de vrais jumeaux ont montré que l'on n'hérite pas d'un profil de type A, même s'il existe un certain déterminisme génétique en ce qui concerne quelques traits du comportement comme l'agressivité ou l'hostilité. En revanche, d'après d'autres études, ce profil n'aurait rien d'inné mais s'apprendrait. Les enfants de type A, en particulier les garçons, ont assez souvent des parents du même type. Selon des chercheurs, ces enfants acquièrent ce comportement en imitant leurs parents.

L'éducation d'un enfant peut aboutir à un comportement de type A qui se manifeste dès le plus jeune âge. Si des parents ne sont pas assez aimants (d'un amour désintéressé) ou s'ils sont trop exigeants, alors l'enfant n'aura ni une grande estime de soi ni conscience de sa valeur. À l'école, cet enfant cherchera, en toute occasion, à faire au mieux pour améliorer sa mauvaise opinion de lui-même. C'est ainsi que, rapidement, l'estime et la valeur de soi seront mesurées à l'aune de ce qui est accompli, en particulier si cela (croit-il) lui vaut l'admiration de ses parents et d'autrui. La lutte pour gagner et conserver le contrôle sur l'environnement se perpétue dans la vie adulte, notamment lorsqu'il s'agit de gravir les échelons pour faire carrière. Cette manière de se comporter, acquise, est à terme autodestructrice.

Désapprendre un comportement de type A

Ce qui a été acquis peut être « désacquis ». Des études récentes ont montré que l'on peut modifier et atténuer un comportement de type A. Dans un projet de prévention chez des patients coronariens appelé Recurrent Coronary Prevention Project, plus de 1 000 hommes et femmes ayant déjà eu une crise cardiaque ont été recrutés en vue d'un programme sur le profil de type A. Cette enquête cherchait à savoir si l'on peut changer un tel profil et si ces modifications diminuent le risque d'un second infarctus. Les participants étaient divisés en trois groupes. Le groupe 1 recevait les conseils habituels sur ce qu'il convient de faire après une crise cardiaque, par exemple en matière d'alimentation et de pratique d'une activité physique. Le groupe 2 recevait les mêmes conseils ainsi qu'un programme à suivre pour modifier un comportement de type A. Le groupe 3 était le groupe de contrôle, à qui l'on ne proposait rien.

Le programme visant à modifier un comportement de type A dura un an et l'on suivit le devenir de tous les participants de l'étude pendant trois ans et demi. Les résultats montrèrent que l'on peut modifier et atténuer un comportement de type A. Mieux encore, les sujets du groupe 2 qui s'étaient radicalement éloignés d'un profil de type A avaient réduit de moitié le risque de survenue d'un second infarctus (fatal ou non) par rapport aux membres des deux autres groupes.

Une autre étude, menée par ces mêmes chercheurs, démontra que l'on peut aussi modifier un comportement de type A chez des individus en bonne santé. Cela prouve qu'il n'est pas nécessaire d'être malade pour avoir la motivation de changer de comportement.

Dans ces deux études, l'atténuation du profil de type A s'est accompagnée d'une diminution du taux de cholestérol dans le sang, ce qui suggère que les participants étaient moins stressés et produisaient, par conséquent, moins de catécholamines. En outre, les sujets du groupe 2 étaient devenus plus calmes. Ils avaient désormais le contrôle de la situation. Leur estime d'eux-mêmes était meilleure, tout comme leur sentiment de bien-être. Ils avaient appris à écouter ce que disaient les autres. Ils ne cherchaient plus à faire dix choses à la fois et étaient donc plus attentifs dans tout ce qu'ils entreprenaient. Il était, enfin, plus agréable d'être en leur compagnie. Ils étaient quasi unanimes à constater que leur comportement avait amélioré leurs relations avec leur famille et autrui, et même profité à leur carrière !

Cela remet en question l'image du « battant » ambitieux, combatif, agressif et toujours sur la brèche. Un individu de type B, plus détendu, calme, ambitieux mais sans précipitation forcenée a, en fait, plus de chances de réussir sur le long terme. La différence est que les individus de type B parviennent aux mêmes résultats voulus, mais sans en payer le prix sur leur santé. Bien des entreprises ont vu les avantages qui existent à modifier un comportement de type A. Ils ont proposé à leurs employés de suivre une formation à cet effet, reconnaissant que cela améliore l'efficacité et la productivité au travail tout en diminuant les arrêts maladie. C'est indéniablement une économie pour la société.

Étant donné que nous avons bien souvent, à un degré ou à un autre, un profil de type A, il est de notre intérêt de nous rapprocher de celui de type B.

Pour atténuer un comportement de type A, il faut examiner ses croyances, son attitude face à la vie et ses habitudes – des habitudes qui empoisonnent l'existence. Il est inutile de toujours se presser ou de se mettre en colère pour un oui ou un non. Si vous vous rapprochez d'un profil de type B, vous remplacerez de mauvaises croyances par d'autres, bénéfiques. Le but est de transformer la colère, l'irritabilité, l'impatience et le besoin de faire une montagne de tout en acceptation (de ses erreurs et de celles d'autrui), en sérénité, en affection et en amélioration de l'estime de soi.

Passer d'un profil de type A à un profil de type B

Il existe bien des manières pour y parvenir, qui demandent toutes du temps et de la pratique. Ce n'est pas en un jour que l'on désapprend ou modifie ce que l'on a mis des années à apprendre.

Marche à suivre

Pour commencer, imposez-vous de faire le contraire de ce que vous faites habituellement. Par exemple, si vous ne supportez pas de devoir attendre, trouvez une queue particulièrement longue et efforcez-vous d'attendre votre tour sans perdre votre calme. Prévoyez un journal à lire ou des cartes à écrire à vos amis ou encore réfléchissez à un projet de bricolage qui vous tient à cœur. Vous pourriez rétorquer qu'il vaut mieux éviter de faire la queue. Certes, mais le fait est qu'il est impossible de ne pas être, un jour ou l'autre, obligé de la faire. Si vous êtes en voiture et que vous vous retrouvez pris dans un bouchon, profitez-en pour vous détendre. Mettez le levier de vitesse au point mort et serrez le frein à main, posez les pieds à plat sur le plancher et respirez profondément et lentement en pensant à un souvenir agréable.

Reconsidérez votre manière de conduire. Avez-vous toujours le pied sur l'accélérateur ? Grillez-vous les feux rouges ? Avez-vous besoin de « prendre le départ » à chaque feu vert ? Passez-vous votre temps à doubler toutes les voitures ? Si c'est le cas, alors imposez-vous de rouler uniquement sur la voie la plus lente.

Établissez une liste de vos comportements de type A en vous référant à la description proposée précédemment (pages 85-86) et notez les exercices appropriés à votre cas. Par exemple :

- Lundi : parler plus lentement.
- Mardi : ne faire qu'une seule chose à la fois (et non plusieurs en même temps).
- Mercredi : rester sur la voie la plus lente (au lieu de louvoyer d'une voie à l'autre pour être toujours dans la plus rapide).
- Jeudi : marcher plus lentement.
- Vendredi : traîner à table (au lieu de filer dès que vous avez fini de manger).
- Samedi : rechercher la queue la plus longue et attendre patiemment (au lieu de vous irriter et de perdre votre calme).
- Dimanche : vous passer de montre et faire comme si vous aviez tout votre temps (au lieu de laisser le temps vous dicter sa loi).

Chaque jour, concentrez-vous sur une tâche donnée. Ainsi, le lundi, parlez plus lentement, le mardi, ne faites qu'une seule chose à la fois et ainsi de suite. Peu à peu, vous remplacerez vos comportements de type A par d'autres, de type B. Au bout d'un certain temps, ils vous seront devenus familiers. Sans même vous en rendre compte, vous adopterez un comportement de type B tous les jours de la semaine et pas uniquement un jour en particulier.

Acceptez l'idée qu'il faudra du temps pour passer d'un profil de type A à un profil de type B. Il serait utile de noter, sur un carnet, une liste d'exercices à faire qui couvre tous les jours de l'année. Le tableau qui suit renferme un certain nombre de propositions. Vous devrez suivre chacune d'entre elles plusieurs fois, sans oublier les exercices qui sont appropriés à votre cas.

Exercices imposés

- Marcher plus lentement
- Parler plus lentement
- Dire : « J'ai peut-être tort »
- Se passer de montre
- Écouter de la musique pendant quinze minutes
- Traîner à table après le repas
- Penser à des souvenirs agréables pendant dix minutes
- Acheter un petit cadeau à un(e) ami(e), un(e) collègue de travail ou un membre de la famille
- Rouler sur la voie la plus lente
- Privilégier l'écoute lors d'une conversation
- Remarquer les objets autour de soi : arbres, fleurs, etc.
- S'empêcher de faire des grimaces hostiles
- S'interdire d'être crispé
- Exprimer son affection à son mari/épouse et ses enfants
- Observer ses expressions faciales et celles des autres
- Demander à un(e) ami(e) comment il/elle va
- Se réserver trente minutes pour soi
- Manger plus lentement
- Sourire le plus possible
- Se montrer confiant
- Trouver une longue queue et attendre patiemment
- Lire pendant trente minutes
- Modifier une habitude ou une manière de faire quelque chose
- Remplacer la colère par la compréhension
- Rester sans rien faire dans un bain pendant quinze minutes
- Réprimer toute colère
- Visiter un musée, une galerie d'art ou un parc
- Contacter un(e) vieil(le) ami(e) dont le métier est différent du sien
- Parler moins de soi-même dans les conversations.

Ces exercices aident à apprendre à profiter de la vie. Les choses sont rarement aussi urgentes qu'on le croit, et le comprendre évite bien des éclats de colère inutiles.

Mémos

Pour vous aider à modifier un comportement de type A, vous pouvez utiliser des pastilles de couleur autoadhésives ou des Post-it. Collez une pastille sur le boîtier de votre montre pour apprendre à vous débarrasser de votre sentiment de l'urgence du temps. Chaque fois que vous consulterez votre montre, vous repenserez à votre « exercice imposé ». Collez également une pastille sur le volant ou le pare-brise de votre voiture pour vous rappeler que vous n'êtes pas un coureur automobile. Mettez-en une autre sur le téléphone pour éviter de penser à plusieurs choses à la fois quand vous parlez. Vous pouvez également en placer une à table, à votre place, pour prendre le temps de manger sans vous presser.

Une pastille ou un Post-it dans votre agenda vous mettra en garde contre la tentation de tout faire dans l'urgence, de surcharger votre emploi du temps et de vous imposer des délais impossibles à tenir, et vous incitera à vous ménager un peu de temps libre.

Ces mémos aident à prendre conscience du stress que l'on se crée trop souvent. Un homme nous a ainsi rapporté que, tandis qu'il roulait sur la voie la plus lente, il sentait monter la noradrénaline. La pastille lui a rappelé qu'un bouchon ne vaut pas la peine que l'on s'énerve au point de provoquer un accident. Il a mis un CD, s'est calé dans son siège et s'est détendu.

Solliciter ses proches

Il faut beaucoup de volonté pour s'astreindre régulièrement à des exercices imposés. Cela vous aidera probablement de demander à votre famille et à vos proches de surveiller vos progrès. Ils pourront vous signaler quand vous retournez à votre ancien comportement de type A. Ils pourront également vous montrer que vous avez, sans en avoir conscience, certains comportements de type A. Demandez à vos proches de lire la section sur le comportement de type A et invitez-les à vous faire part de leurs commentaires sur votre conduite. Soyez préparé à les écouter attentivement. Ils pourront vous soutenir et, en même temps, vous aider à changer.

Examiner ses croyances

Atténuer un sentiment de l'urgence du temps pour apprendre à gérer plus efficacement son temps

Interrogez le type A en vous pour répondre par vrai ou faux à la question suivante : « **Le fait d'être toujours pressé par le temps m'a-t-il aidé à réussir ?** »

Si vous répondez « vrai », réfléchissez-y attentivement. Jusqu'à quel point avez-vous réussi ? Certains de vos échecs sont peut-être le résultat d'erreurs que vous auriez pu éviter si vous aviez été patient, pris le temps de réfléchir pour vous organiser et fait preuve de créativité et d'inventivité. C'est pour cette raison que plusieurs exercices imposés visent à vous débarrasser de votre précipitation. Par exemple, manger, parler, marcher, conduire plus lentement et éviter de faire dix choses à la fois.

Demandez-vous si votre besoin de sans cesse changer de voie, en voiture, vous permet d'arriver plus vite à votre travail. Roulez pendant une semaine comme à votre habitude et notez combien de temps vous mettez chaque jour. La semaine suivante, restez (si possible) sur une seule voie et notez là aussi la durée de vos trajets. Faites ensuite la moyenne pour chaque semaine. La différence n'est généralement que de quelques minutes. On peut se demander s'il est bien utile d'exposer son cœur à une augmentation, potentiellement fatale, de noradrénaline pour gagner quelques minutes.

D'autres exercices imposés visent à réparer les dommages provoqués par des années de fuite en avant. Un individu de type A n'ayant pas envie de s'encombrer de souvenirs devra y consacrer un peu de temps pour reconsidérer sa vie et faire des projets réalistes.

Des années d'efforts acharnés pour en faire toujours plus le plus vite possible incitent les individus de type A à se focaliser sur des réalisations et des stratégies visant à acquérir ou à conserver le contrôle. Il y a donc peu de place dans leur vie pour la détente ou les activités culturelles. Afin de corriger cela, cessez de tout mesurer en termes de quantité : nombre de réunions de travail, somme d'argent gagnée, nombre de réalisations, etc. Pensez plutôt en termes de qualité de vie. Pour vous y aider, notez dans votre carnet des exercices tels que prendre le temps de lire (des ouvrages sans rapport avec votre métier), visiter des musées et des galeries d'art, aller au théâtre ou observer la nature.

L'épouse d'un participant à un groupe de réflexion composé d'individus de type A remarqua que son mari avait changé. « Alors que nous traversions en voiture le pays de Galles, mon mari s'extasiait sur la beauté du paysage. Cela ne lui était jamais arrivé. Cela peut sembler insignifiant, mais lorsque vous vivez avec quelqu'un qui va toujours au plus vite d'un point A à un point B, un tel changement est remarquable. » Rappelez-vous Franck qui, dans l'introduction, disait qu'il était devenu plus attentif et faisait désormais attention à la nature. Ce ne sont là que deux exemples montrant comment on peut prendre le temps de vivre. Essayez de vous passer de montre. Vous constaterez que rien ne presse. Prenez le temps de regarder autour de vous. Vous cesserez d'être obsédé par des chiffres et des quantités pour vous extasier sur la beauté de tout ce qui vous entoure.

Demandez-vous : « Suis-je préoccupé par le besoin d'atteindre des objectifs ? » Les « accros » du boulot ne voient pas qu'ils ne consacrent pas de temps à leur famille. Ils ne s'intéressent même pas aux événements marquants de la vie de leurs enfants. Une étude récente sur des forcenés du travail a révélé des indices dérangeants et tristes de cette préoccupation obsessionnelle de réussite. Un petit enfant a ainsi dessiné sa famille : sa mère, sa sœur et lui. Le père était absent. Un autre enfant qui attendait son père à l'aéroport aurait demandé à plusieurs hommes s'ils étaient son père. Souvent, nous avons entendu d'anciens individus de type A regretter de ne pas avoir vu leurs enfants grandir. Malheureusement, il est impossible de revenir en arrière.

Reconsidérez vos activités afin de trouver du temps pour ce qui est important. Winston Churchill aurait dit un jour : « Quand un homme n'est pas capable de distinguer un grand événement d'un petit, alors il ne sert à rien. »

Apprenez à gérer votre temps plus efficacement. Nos vies sont régies par le temps. Pour un individu de type A, c'est encore plus problématique. Nous savons tous qu'une journée comporte 24 heures et nous aimons en tirer pleinement parti. Personne n'aime perdre son temps inutilement mais, si cela vire à l'obsession, le stress qui en résulte risque de raccourcir la vie et, en tout cas, d'en diminuer la qualité.

Pour éviter tout surmenage au travail, bien gérer son temps est essentiel. La section sur la diminution des sollicitations (page 114) proposait plusieurs solutions (mieux s'organiser, déterminer des priorités, faire preuve de réalisme, éviter le perfectionnisme, déléguer, éviter l'incertitude et apprendre à dire « non »). Vous serez également plus efficace si vous vous occupez de ce qui exige un effort intellectuel quand vous êtes en forme et concentré. En d'autres termes, lorsque vous êtes dans la zone du bon stress. Traitez ce qui demande moins d'efforts quand vous avez du mal à vous concentrer ou quand vous prévoyez que vous serez interrompu. Ne perdez pas votre temps à vous préoccuper inutilement de ce qui risque d'arriver plus tard. **N'oubliez pas, ce ne sont pas les heures que vous y consacrez qui comptent, mais ce que vous mettez dans ces heures.**

Trouvez un juste équilibre entre la famille, les loisirs, le travail et le sommeil. Si vous faites régulièrement des heures supplémentaires, vous aurez moins de temps pour vos proches et des activités extraprofessionnelles. Travailler trop provoque souvent de la fatigue mentale et une grande difficulté à se détendre, ce qui nuit à la qualité du temps passé avec sa famille et ses amis. Réserver du temps au partenaire, aux enfants et aux proches permet de recevoir de l'amour et du soutien, et d'accroître l'estime de soi et la joie de vivre.

Prévoyez dans votre emploi du temps un moment pour la relaxation, des exercices de détente et du temps pour vous. Faites-vous du bien chaque jour et prenez le temps de vivre. Ne vous pressez pas pour vous laver, vous habiller et prendre votre petit déjeuner, même si cela vous demande de vous lever une demi-heure plus tôt. Consacrez du temps à la méditation et à la relaxation musculaire. Prévoyez large pour vos déplacements et vos rendez-vous. Vous éviterez ainsi d'angoisser parce que vous êtes en retard.

N'oubliez pas qu'une semaine comporte 168 heures, largement de quoi faire plein de choses. Prévoyez tranquillement vos activités. Le temps est précieux et nous voulons tous le passer agréablement. Or, soixante secondes de colère équivalent à une minute de bonheur en moins.

Cesser de perdre son calme pour un oui ou un non

Interrogez le type A en vous pour reconsidérer vos croyances en matière de colère et d'agressivité. Répondez par vrai ou faux à la déclaration suivante : « **J'ai besoin d'agressivité et d'hostilité pour réussir.** » Si votre réponse est « vrai », demandez-vous si, en ayant recours à l'agressivité et à l'hostilité plutôt qu'à la compréhension, vous ne causez pas du tort à votre santé et à vos relations avec votre famille, vos proches et vos collègues de travail. À terme, ce n'est pas payant.

Commettre des erreurs, échouer à atteindre un objectif, être violemment critiqué, en particulier devant d'autres personnes, et percevoir une situation comme injuste ou embarrassante sont des situations capables de déclencher de la frustration et de la colère. Comme nous l'avons vu, de telles émotions entraînent une libération excessive de noradrénaline, potentiellement fatale. La prochaine fois que vous serez irrité, exaspéré ou furieux, rappelez-vous que c'est vous qui serez, en fait, la principale victime de votre colère. Apprenez à garder votre calme en toute occasion et utilisez, si nécessaire, le réflexe qui apaise (voir page 127).

Essayez ces deux techniques : éviter de mordre à l'hameçon et contrôler sa colère.

Éviter de mordre à l'hameçon

Imaginez que vous êtes un poisson. Chaque matin, vous vous réveillez et vous mettez à nager. L'eau devant vous semble dégagée mais, sur les deux rives, des pêcheurs jettent leur ligne. Vous êtes tout à coup nez à nez avec un gros vers. Il a l'air appétissant mais, si vous mordez à l'appât, vous serez pris au piège par l'hameçon. Vous vous demandez : « Saisir ou ne pas saisir ? » Vous contournez l'appât et vous retrouvez devant un autre vers. À nouveau, vous vous demandez : « Saisir ou ne pas saisir ? » Vous continuez de nager en étant régulièrement confronté à des vers sur un hameçon.

L'individu de type A mord constamment à l'appât, peut-être 30 ou 40 fois par jour. Le problème est qu'il est impossible de savoir quand surviendra le prochain hameçon. Difficile alors de maîtriser sa colère et son agressivité.

Contrôler sa colère

Si vous vous sentez sur le point d'exploser, dites-vous « stop ». Prenez du recul et analysez votre comportement et vos émotions. Demandez-vous : « Qu'est-ce qui m'a tant énervé ? » Identifiez les causes de votre colère ainsi que les croyances et les émotions qui vous ont mis dans cet état. Rejouez à présent la même scène dans votre tête afin de voir si votre réaction était appropriée, justifiée et rationnelle. Vous constaterez le plus souvent que vous vous êtes énervé sans raison réelle. Restez calme et parlez-vous à vous-même (technique d'**autopersuasion**) : « Ça ne vaut pas la peine de s'énerver », « Il n'y a aucune raison véritable pour se fâcher », « Restons zen », « Une réaction désagréable ne peut qu'aboutir à une réaction encore plus désagréable », « Je dois pratiquer le réflexe qui apaise » ou encore « Faisons preuve de bon sens ».

La solution consiste à ne pas tomber dans le piège pour éviter de sortir de ses gonds. Ne mordez pas à l'appât pour des choses que vous ne pouvez pas changer. Ainsi, si un train arrêté sur la voie va vous mettre en retard à votre rendez-vous, pratiquez l'autopersuasion pour accepter qu'il n'y a rien d'autre à faire que d'accepter cette perte de temps. Utilisez plutôt votre énergie pour trouver une solution. Téléphonez pour prévenir que vous serez en retard en expliquant la situation et dites que vous arriverez dès que possible. Étant donné que vous avez, par ailleurs, peu de prise sur les erreurs et les inconséquences des autres personnes, apprenez à accepter leurs erreurs et leurs futilités. Si vous n'y parvenez pas, vous serez inévitablement frustré, en colère et agressif.

Faites tout votre possible pour diminuer votre sentiment de l'urgence du temps. L'impatience est une forme légère d'irritation qui est elle-même une forme légère de la colère. Avant toute chose, reconnaissez que votre exaspération et votre agressivité sont des manifestations de votre manque d'estime de vous-même (meilleure elle est et moins vous avez de raisons d'être hors de vous). Des blessures narcissiques risquent de déclencher facilement de l'hostilité. Vous avez donc tout intérêt à améliorer votre opinion de vous-même et à faire preuve d'assurance. Remarquez que votre estime de vous-même est en relation directe avec le degré d'amour et d'affection que l'on vous porte. Si vous ne manquez ni d'amour ni d'affection, vous n'aurez pas besoin de vous en prendre à qui que ce soit. Apprendre à donner et à recevoir de l'amour est vital pour combattre la colère et l'agressivité. Dites à votre partenaire et à vos enfants combien leur amour, leur affection et leur soutien comptent pour vous et montrez-leur vos sentiments. Soyez proche de vos amis. Manifestez-leur de l'intérêt et partagez leurs hauts et leurs bas. Apprenez également à rire de vous-même et de vos erreurs. Cessez de vous prendre au sérieux !

Pour une fois, il vaut mieux être en division B qu'en division A.

14

Améliorer ses compétences personnelles

Dans ce chapitre vous découvrirez :

- l'importance des compétences personnelles pour surmonter le stress ;
- le pouvoir de l'amour et du soutien pour gérer plus efficacement le stress ;
- des techniques pour améliorer ses compétences personnelles.

- Donner et recevoir plus d'amour et de soutien
- Améliorer son estime de soi
- Penser de manière positive
- Apprendre à avoir de l'assurance
- Sourire
- Rire
- Développer son sens de l'humour

L'importance de l'amour et du soutien

Il est difficile de dire à quel point l'amour et le soutien comptent pour surmonter le stress. Un nombre considérable d'études ont montré que les personnes qui manquent d'amour et de soutien social sont beaucoup plus facilement sujettes à des problèmes de santé. C'est facile à comprendre si l'on se souvient du rôle des hormones du stress. Lorsqu'une personne se sent aimée, soutenue et en sécurité, ses taux de noradrénaline, d'adrénaline et de cortisol sont normaux.

L'amour et le soutien dont nous parlons doivent être compris au sens le plus large. Il ne s'agit pas uniquement de nos relations intimes, mais aussi du respect et de l'affection entre amis ainsi que du soutien de collègues de travail.

Au sein de la famille

L'amour est un besoin fondamental. Dès le berceau, nous désirons vivement être bercés, dorlotés et embrassés, en particulier lorsque nous sommes confrontés aux pressions et aux sollicitations inéluctables liées au fait de grandir. Le manque d'amour et d'affection, ou le sentiment de ne pas avoir été désiré, aboutit souvent à des problèmes ultérieurs, notamment lorsque vient l'heure de flirter, de trouver un partenaire et d'avoir des enfants.

L'amour et la compréhension au sein de la famille sont tout naturellement notre première expérience. La relation parents-enfant est cruciale pour façonner la vie de l'adulte en devenir. Manquer d'amour durant son enfance, être en conflit avec ses parents ou jalouser l'affection que reçoivent ses frères et sœurs est souvent le facteur à l'origine d'une personnalité déprimée et présentant des troubles psychologiques.

À l'âge adulte, les contacts et les caresses sont essentiels au développement de relations harmonieuses. C'est indéniablement le meilleur moyen de se détendre, d'atténuer la tension et, ainsi, de limiter le stress. Il est difficile d'analyser son pouvoir direct sur la santé, mais le toucher aurait des vertus thérapeutiques et jouerait un rôle primordial dans le bien-être et l'état général.

Les personnes qui vivent seules en compagnie d'un animal domestique auraient une tension plus basse, un risque moins important de mourir soudainement du cœur et récupéreraient plus vite d'une intervention chirurgicale que celles sans animal. Les victimes d'une crise cardiaque vivraient plus longtemps si elles ont un animal que si elles n'en ont pas. Posséder un animal permet de solliciter le toucher, de ne pas se sentir isolé et procure un sentiment d'appartenance.

Une expérience conçue pour étudier le lien entre les apports en matières grasses et les maladies artérielles chez des lapins a, de manière inattendue, fourni une bonne illustration du pouvoir du toucher et de l'affection. Les chercheurs ont ainsi découvert que, même si tous les lapins avaient reçu la même alimentation riche en lipides et vivaient dans les mêmes conditions, un petit nombre avait été relativement épargné par les maladies artérielles. On ne trouva aucune raison jusqu'au jour où l'on s'aperçut que ce groupe de lapins était pris en charge par un technicien qui caressait et câlinait régulièrement chacun d'entre eux. Les autres lapins avaient tous développé une maladie artérielle importante. Les chercheurs étaient si intrigués par cette découverte qu'ils décidèrent d'étudier les effets du toucher et de l'affection chez ces animaux. Ils reproduisirent l'expérience initiale en y ajoutant, de manière intentionnelle, la demande de caresser et de câliner l'un des groupes de lapins. Le résultat fut identique à la fois précédente. Les animaux qui recevaient de l'attention physique présentaient très peu de maladies coronariennes.

Il ne faut donc pas sous-estimer le pouvoir et les bienfaits du toucher et des caresses. Exprimez votre amour et votre affection à votre partenaire, à vos enfants et à votre famille. Câlinez votre partenaire ou vos enfants quand vous regardez la télé (pour une fois que c'est bien de faire plusieurs choses à la fois !). Répondez à leurs signaux quand ils vous réclament des marques d'affection. Trop souvent, les obligations parentales et professionnelles transforment les années excitantes qui suivent la lune de miel en relation cauchemardesque. Quand avez-vous dit la dernière fois à votre partenaire que vous l'aimez ? Quand lui avez-vous offert un cadeau ? Renouez avec la période où vous lui faisiez la cour. Proposez-lui de l'emmener manger en amoureux le prochain week-end et comportez-vous comme s'il s'agissait de votre premier rendez-vous. Achetez un petit cadeau à votre partenaire, à vos parents ou à vos enfants, ou emmenez toute la famille là où elle le désire. Passez plus de temps avec eux. Trop souvent, des personnes regrettent avec tristesse de ne pas avoir consacré suffisamment de temps à leurs enfants.

En amitié

La valeur de l'amitié est inestimable. Ce n'est pas nécessairement le nombre d'amis qui compte, mais plutôt la qualité de la relation. Un ami véritable vaut bien des relations. Entre amis, on partage tout, les bons comme les mauvais moments. On peut se confier à cette personne, qui nous accepte tel que l'on est. Au travail, le soutien entre collègues peut s'avérer une aide fabuleuse pour effectuer une tâche et diminuer le stress chez tout le monde.

La capacité à confier ses problèmes

Normalement, les membres de la famille et les amis sont les personnes qui nous écoutent et nous comprennent, celles à qui l'on peut parler de problèmes et demander conseil. L'une des valeurs clés de l'amour et du soutien est incontestablement de permettre de se confier. Un problème partagé n'est-il pas un problème moitié moins important ? Quand quelque chose vous préoccupe, parlez-en en famille et au travail, et faites de même pour les autres en leur accordant une oreille bienveillante. Ne gardez pas tout en vous. Parlez, encore et encore. Exprimez ce que vous ressentez aux personnes en qui vous avez confiance.

L'estime de soi

L'estime de soi, cette auto-évaluation de notre valeur en tant qu'être humain, repose sur l'opinion que nous avons de nous-même. À quel point sommes-nous, à nos yeux, compétent, important et sympathique ? Avons-nous l'impression que tout nous réussit ? Une personne épanouie risque moins d'être stressée et possède, en soi, tous les atouts pour être dans la zone du bon stress. Aucun frein ne s'oppose à son développement, son efficacité et sa créativité.

L'estime de soi est en grande partie fondée sur le sentiment que l'on est parvenu à accomplir ce que l'on avait envie de réaliser. Quand les réalisations dépassent les attentes, alors l'estime de soi augmente. À l'opposé, des échecs la diminuent. C'est là le cœur du problème chez un individu de type A. Il s'impose des objectifs irréalistes et n'est jamais satisfait de ce qu'il a réalisé. Il n'en a jamais assez. Il a toujours besoin de relever de nouveaux défis. Les échecs étant généralement plus fréquents que les réussites, son opinion de lui-même va en déclinant. C'est un véritable cercle vicieux.

Une personne insatisfaite se met facilement en colère. Ainsi, lorsqu'un individu de type A rencontre un échec, il perd en estime de lui-même, devient frustré, irritable et colérique. Il utilise alors son agressivité pour demander la lune… À l'opposé, un individu de type B a des attentes réalistes. De ce fait, ce qu'il accomplit dépasse souvent ses espérances, ce qui le rassure et le réjouit.

L'une des choses les plus difficiles qui soient est de bien se connaître pour savoir ce que l'on veut et peut réaliser dans la vie. On est alors content de soi, même si l'on n'a pas accompli 100 % de ce que l'on espérait.

La reconnaissance de la qualité de son travail augmente indéniablement l'estime de soi. Faire en sorte que le personnel soit content de son sort et productif est une bonne stratégie en management. Lorsque l'atmosphère au travail est bonne, les gens coopèrent facilement. Ainsi, quand vous devrez collaborer avec d'autres personnes, n'oubliez pas qu'il n'y a rien de pire qu'une critique négative. Évitez également de souligner les erreurs et les défauts que vous remarquez. Pensez en outre à vous féliciter (autopersuasion) quand vous avez bien travaillé.

Si l'on veut changer l'image que l'on a de soi, il ne faut pas se voiler la face. Acceptez vos défauts et vos craintes, et efforcez-vous de les améliorer. Exploitez au mieux vos points forts et appuyez-vous sur ces qualités. N'essayez pas d'être celui que l'on voudrait que vous soyez. Soyez honnête envers vous-même et autrui, et exprimez-vous. Partez de ce que vous êtes vraiment pour évoluer.

La manière la plus efficace pour « booster » son estime de soi, c'est d'être bien dans sa peau, en forme, aimé, souriant, assuré, doté d'un sens de l'humour et de ne pas se prendre trop au sérieux.

La pensée positive

Soyez positif. La vie vous fera plus de cadeaux si vous l'abordez de manière positive et non réservée et négative. En d'autres termes, soyez optimiste plutôt que pessimiste. Cela contribuera à diminuer l'anxiété, car les pessimistes vivent souvent dans la peur de l'échec. Chaque fois que vous êtes confronté à une situation, vous pouvez faire preuve d'optimisme ou de pessimisme. Attachez-vous plutôt à voir les bons côtés. Soyez constructif. En cas de problème, tirez la leçon de vos erreurs et ne vous appesantissez pas sur vos échecs.

Chaque fois que vous vous surprendrez à penser de manière négative, basculez en mode positif en vous disant : « Ce n'est pas aussi grave qu'il y paraît. Il y a forcément quelque chose de bien à retirer de cette situation ». De la sorte, vous renforcerez votre aptitude à vous protéger des pensées autodestructrices.

L'affirmation de soi

S'affirmer, avoir de l'assurance, est infaillible pour accroître ses capacités à faire face. C'est une manière efficace de communiquer en étant capable de dire ce que l'on pense, ressent ou veut. C'est également la capacité de comprendre le point de vue d'autrui. En cas de situation gênante, cela permet de négocier et d'aboutir à un compromis acceptable par les deux parties.

Nous sommes tous, à un degré ou un autre, capables de nous affirmer. Nous pouvons cependant apprendre à mieux communiquer. Voici un exemple d'affirmation de soi.

Un collègue de travail demande à emprunter un livre. Cette personne a la réputation de ne jamais rendre ce qu'on lui prête. Une réponse assurée sera par exemple :

« J'ai bien conscience que tu as besoin de consulter ce livre. »

Cela permet à l'autre personne de voir que vous avez entendu, compris et reconnu sa requête. Vous dites alors :

« Cependant, je n'aime pas prêter mes livres. »

Cette déclaration lui montre le fond de votre pensée. Vous ajoutez enfin :

« Je te suggère d'aller à la bibliothèque, je sais qu'ils en ont un exemplaire. »

En disant cela, vous lui montrez que vous voulez l'aider en lui faisant une proposition constructive.

Votre première réaction : « J'ai conscience que tu as besoin de consulter ce livre » montre à l'autre personne que vous avez écouté, entendu et compris ce qu'elle disait. L'idéal est de débuter par une phrase du style « Je comprends » ou « J'ai bien conscience » ou « J'apprécie ». Quand vous aurez pris l'habitude d'utiliser cette approche, vous constaterez que vous écoutez (et non juste entendez) ce que quelqu'un vous dit. C'est un excellent exercice imposé pour modifier un comportement de type A.

Votre deuxième déclaration, une affirmation en fait, devrait toujours débuter par le mot « cependant ». Ne dites jamais « mais », car c'est un terme agressif. Ensuite, vous devez exprimer vos sentiments. Montrez clairement ce que vous pensez ou ressentez : « … je n'aime pas prêter mes livres ». Vous devez être honnête avec vous-même, ce qui demande un certain courage. Tout le monde a le droit de dire le fond de sa pensée. Si vous vous affirmez, vous vous sentirez mieux ensuite. Cela augmentera votre estime de vous-même, le respect que vous vous portez et votre confiance en vous. Aucune émotion n'est refoulée, ce qui atténue une réponse potentielle au stress et, de ce fait, un risque d'hostilité. C'est, à nouveau, un excellent exercice imposé pour modifier un comportement de type A.

Votre troisième remarque – « Je te suggère d'aller à la bibliothèque, je sais qu'ils en ont un exemplaire » – doit être une suggestion constructive pour résoudre la situation. Soyez clair quant à ce que vous voulez et ce qui peut être fait. Il est important d'être positif, pour laisser la porte ouverte à d'éventuelles négociations et parvenir à un compromis. Il est utile de débuter ce type de remarque par un mot comme :

- « Je préférerais que… »
- « Je te suggère de… »
- « J'apprécierais si… »

et ainsi de suite. Ne devenez jamais agressif à ce stade. Vous devez toujours émettre une suggestion constructive.

Remarquez que l'exemple que nous venons de citer illustre une réponse raisonnable, rationnelle. C'est justement de quoi il est question quand nous vous suggérons de vous affirmer. Si votre réponse est raisonnable, sensée, vous ne risquez *a priori* pas d'offenser l'autre personne. Vous lui avez montré que vous avez apprécié qu'elle s'adresse à vous, vous lui avez exposé votre point de vue et vous avez été utile. En d'autres termes, vous vous êtes affirmé ! La communication a été efficace, un pas en avant a été fait, votre comportement a été celui d'un individu de type B et vous avez bien géré cette situation, sans qu'elle vous stresse.

Et comment réagir si l'autre personne insiste ou devient agressive ? Dans ce cas, contentez-vous de répéter vos trois commentaires précédents, en conservant les trois étapes :

- « J'ai bien conscience… »
- « Cependant… »
- « Je te suggère… »

De la sorte, vous finirez par aboutir à une solution réalisable. Avec de la pratique, vous gagnerez en aplomb, ce qui supprimera bien des causes de stress de votre vie.

Il vous arrivera parfois de penser que l'affirmation de soi n'est pas la solution. Lors de certains conflits, la situation reste bloquée quoi que l'on fasse. Acceptez-le, sans être trop contrarié ni blâmer qui que ce soit, vous y compris, car cela risquerait d'entamer votre confiance en vous-même. Essayez plutôt de prendre les choses de manière positive et d'utiliser l'autopersuasion (relisez la partie « Contrôler sa colère », page 170). Toutes les fois où vous constaterez que votre assurance aura permis de dénouer un problème, congratulez-vous intérieurement. Cette attitude envers vous-même vous montrera en outre l'utilité à être élogieux envers autrui.

Le sourire, le rire et le sens de l'humour

Cela peut paraître étrange, mais bien des personnes semblent avoir perdu la capacité de sourire. Il suffit de regarder autour de soi. Un sourire authentique devrait partir de l'intérieur, du cœur. Quand on voit quelqu'un sourire, on fait généralement de même et on se sent heureux.

C'est probablement parce qu'un sourire détend des muscles du visage, ce qui améliore l'afflux de sang au cerveau. Froncer les sourcils ou exprimer de la colère sollicite en fait plus de muscles. Il suffit pour s'en convaincre de se regarder dans un miroir. Vous verrez que vous utilisez moins de muscles quand vous souriez.

Apprenez à vaquer à vos activités de la journée sans arborer une mine inquiète ou en colère. Souriez plutôt. Vous vous sentirez mieux et, en outre, les autres iront plus facilement vers vous. Débutez donc chaque journée par un sourire qui part du cœur. Sourire est un bon moyen pour gérer le stress et atténuer l'irritation, la colère et l'agressivité. Blaguer et rire permettent de désamorcer bien des tensions et des situations embarrassantes.

Le British Safety Council (Conseil britannique de la sécurité) a reconnu les avantages du sourire et du rire pour diminuer le risque d'accident et améliorer l'efficacité au travail. D'après une étude récente, l'humour au travail permettrait d'évacuer des tensions, favoriserait la concentration et améliorerait la créativité. Ce n'est donc pas étonnant si des entreprises proposent désormais à leurs employés des ateliers sur l'humour.

Le rire et le sens de l'humour peuvent avoir des effets merveilleux sur le corps et l'esprit. L'histoire de Norman Cousins l'illustre admirablement. Cet homme atteint d'une maladie incurable décida de prendre en main son traitement. Il se mit à lire des livres humoristiques, à rechercher des blagues et à regarder des comédies. Rapidement, il fut en état de retourner travailler. Il expliqua qu'il devait sa guérison à une « thérapie par le rire ». À l'époque, cela suscita beaucoup de scepticisme mais, aujourd'hui, bien des chercheurs et des médecins sont convaincus que le rire est capable d'induire des changements dans l'activité du corps qui améliorent la circulation sanguine et la digestion et diminuent les tensions musculaires. Une découverte sur le rire est particulièrement intéressante. Il augmenterait le nombre de cellules du système immunitaire, ce qui permettrait de prévenir une infection en améliorant les défenses immunitaires. En outre, des études ont montré que le pronostic est meilleur chez des patients atteints d'un cancer lorsqu'ils ont plus de cellules immunitaires. Comme l'avait découvert Norman Cousins, le rire est peut-être notre meilleure médecine. En fait, de nombreux effets sont à l'opposé de ceux constatés lors d'un stress. Vous devriez envisager des séances de rire quotidiennes.

Il est également important d'apprendre à rire de soi. Les veuves d'hommes décédés d'un infarctus disent souvent avoir remarqué que leurs partenaires avaient perdu tout sens de l'humour et capacité à rire d'eux-mêmes. Les personnes dotées du sens de l'humour ont appris à se moquer d'elles-mêmes et à ne pas prendre la vie trop au sérieux. Du reste, le sens de l'humour est l'une des qualités que l'on recherche chez un partenaire.

Rien d'étonnant alors si l'on dit que le rire est la meilleure médecine.

15

Votre plan de gestion personnelle du stress (PGPS)

Dans ce chapitre vous découvrirez :
- comment concevoir un plan de gestion personnelle du stress;
- comment le mettre en œuvre;
- comment le contrôler et l'évaluer pour, au besoin, le réactualiser.

Nous avons vu au chapitre 8 comment préparer un **plan de gestion personnelle du stress** (PGPS). Vous devez également lire la première et la deuxième partie de ce livre avant de le mettre en œuvre.

Vous avez déterminé les *trois facteurs clés de stress* qui sont prédominants dans votre vie. Il peut s'agir d'événements, de situations ou d'objets importants, capables de vous stresser dans le bon **ou** dans le mauvais sens du terme. À présent, réfléchissez afin de savoir si vous ne pourriez rien faire pour en diminuer les effets et les empêcher de vous miner à nouveau. Ce chapitre, qui vous aidera à y parvenir, repose sur un programme en quatre points :

1) *Réfléchir pour trouver une ou des techniques* qui vous aideraient à avoir prise sur chacun des trois facteurs de stress.
2) *Pratiquer une ou des techniques*, ce de manière quotidienne.
3) *Évaluer régulièrement* l'effet de la ou des techniques choisies sur chacun des trois facteurs de stress.
4) *Reconsidérer au besoin le choix de ces techniques* jusqu'à ce que vos principaux facteurs de stress deviennent insignifiants, c'est-à-dire jusqu'à ce que le score obtenu pour chacun d'entre eux ait nettement diminué.

La règle de base est la suivante : **r**éfléchir, **p**ratiquer, **é**valuer et **r**econsidérer (**RPER**).

Votre **plan de gestion personnelle du stress** est conçu pour une période de douze semaines (de J 1 à J 85). Cela ne signifie bien évidemment pas que tout sera alors rentré dans l'ordre. L'objectif est, en fait, que vos progrès soient suffisamment importants pour vous permettre de vous passer de ce plan. Vous devriez pouvoir poursuivre sur votre lancée pour, grâce à une modification de votre mode de vie, percevoir que le stress a de moins en moins d'impact sur vous.

Si, toutefois, vous deviez constater que le **PGPS** ne marche pas, que vous êtes toujours autant stressé, alors il faudra reconsidérer les techniques utilisées. L'essentiel est de retenir la règle de base : *réfléchir pour trouver une ou des techniques*, *la ou les pratiquer* (cela demande du temps), *évaluer leurs effets* et, si nécessaire, *reconsidérer vos choix*. **Ne baissez pas les bras.** Apprendre à gérer son stress est un apprentissage de chaque instant qui peut même demander une vie entière. Vous trouverez à la page 185, sous la forme d'un journal de bord, un résumé de la marche à suivre. Cela vous sera utile pour contrôler et évaluer vos progrès.

Comment instaurer un plan de gestion personnelle du stress

Commencez par faire six photocopies de l'évaluation du PGPS et du nouveau PGPS (figures 28 et 29, page 186), que vous garderez dans un dossier.

Jour J 0 : s'atteler aux trois facteurs clés de stress

Avant de mettre en pratique votre **PGPS**, vous devez trouver ce qui, chez vous, permettra d'atténuer vos *trois facteurs clés de stress*. Commencez par réfléchir aux techniques qui vous semblent adaptées et qui devraient vous aider efficacement. Identifiez-en plusieurs *(jusqu'à 6)* et notez-les dans la figure 26.

Pour choisir ces techniques, vous aurez peut-être besoin de relire vos réponses au test des capacités à faire face (page 108). Les questions 1 à 9 traitent justement de domaines sur lesquels vous avez intérêt à mettre l'accent pour devenir moins stressé (être bien entouré, s'adonner à des activités physiques ou de loisir, se relaxer, avoir du temps pour soi...). Par ailleurs, vous devrez travailler tout particulièrement tous les points pour lesquels vous avez répondu « non ».

En revanche, les questions 10 à 15 ne vous seront d'aucune utilité pour apprendre à mieux gérer votre stress – bien au contraire. Si vous avez répondu « oui » à l'une ou plusieurs d'entre elles, c'est que vous avez besoin de trouver des techniques qui vous aideront à changer de mode de vie en ce qui concerne l'addiction au travail, la prise de caféine, d'alcool ou de somnifères, le tabac ou un comportement de type A.

- Technique 1 : ....
  ....
- Technique 2 : ....
  ....
- Technique 3 : ....
  ....
- Technique 4 : ....
  ....
- Technique 5 : ....
  ....
- Technique 6 : ....
  ....

---

figure 26 mes techniques de gestion du stress

Reprenez chacun des trois facteurs clés de stress, en vous aidant de la figure 17 (page 102). Écrivez ci-dessous (figure 27) ce que vous comptez faire pour vous atteler à ces facteurs de stress en utilisant une ou plusieurs des techniques choisies précédemment (figure 26). Réfléchissez à la manière de les mettre en œuvre.

Vous pouvez avoir besoin de plus d'une technique pour chaque facteur de stress ou décider d'utiliser une même technique pour plus d'un facteur. Si vous pensez que les techniques que vous avez retenues sont inappropriées pour atténuer vos principaux facteurs de stress, alors relisez dans les chapitres 9 à 14 les techniques que nous décrivons pour choisir ce qui vous semblera le mieux adapté.

- Plan de gestion personnelle pour le facteur de stress n° 1 :

  ....

  ....

- Plan de gestion personnelle pour le facteur de stress n° 2 :

  ....

  ....

- Plan de gestion personnelle pour le facteur de stress n° 3 :

  ....

  ....

  Date pour l'évaluation du plan de gestion
  personnelle du stress (J 14) :

---

figure 27 PGPS : J 0 : Date :

Jour J 1 : mettre en œuvre le plan de gestion personnelle du stress

Une fois satisfait du choix de la ou des techniques retenues pour chaque facteur de stress, vous êtes fin prêt pour mettre en œuvre votre **plan de gestion personnelle du stress.** N'oubliez pas la règle de base : réfléchir, pratiquer, évaluer et, au besoin, reconsidérer (**RPER**).

Commencez par appliquer chacune des techniques choisies pour les trois facteurs de stress. **Faites cela pendant deux semaines.**

Nous vous conseillons de suivre le programme de douze semaines présenté ci-dessous sous forme d'un journal de bord. Concevez votre **PGPS** à **J 0** (dimanche) et débutez la pratique à **J 1** (lundi).

Faites le bilan de vos progrès à **J 14.**

JOURNAL DE BORD DU PGPS

- J 0 : dimanche *(notez la date)* : Concevoir le PGPS
  J 1 À J 13 : Pratiquer le PGPS
- J 14 : dimanche *(notez la date)* : Évaluer et reconsidérer le PGPS
  J 15 à J 27 : Pratiquer le PGPS
- J 28 : dimanche *(notez la date)* : Évaluer et reconsidérer le PGPS
  J 29 à J 41 : Pratiquer le PGPS
- J 42 : dimanche *(notez la date)* : Évaluer et reconsidérer le PGPS
  J 43 à J 55 : Pratiquer le PGPS
- J 56 : dimanche *(notez la date)* : Évaluer et reconsidérer le PGPS
  J 57 à J 69 : Pratiquer le PGPS
- J 70 : dimanche *(notez la date)* : Évaluer et reconsidérer le PGPS
  J 71 à J 83 : Pratiquer le PGPS
- J 84 : dimanche *(notez la date)* : Évaluer et reconsidérer le PGPS, et bilan des douze semaines

Comment évaluer et reconsidérer votre plan de gestion personnelle du stress ?

Jour J 14 : évaluer et reconsidérer votre PGPS

À **J 14** (dimanche), vous devez faire un bilan pour évaluer vos progrès. Relisez votre plan de gestion personnelle (voir figure 27) pour *chacun* des trois facteurs de stress. Demandez-vous si les techniques que vous avez utilisées vous ont aidé ou non. Notez ci-dessous, dans la figure 28, tout ce qui a été efficace, ou inefficace, pour atténuer chacun des trois facteurs de stress.

- Évaluation du plan de gestion personnelle pour le facteur de stress n° 1 : ....
  ....
  ....
- Évaluation du plan de gestion personnelle pour le facteur de stress n° 2 : ....
  ....
  ....

- Évaluation du plan de gestion personnelle pour le facteur de stress n° 3 : ....
....
....

figure 28 évaluation du PGPS : J 14 Date :

Relisez à présent ce que vous avez écrit et reconsidérez les techniques utilisées. Continuez de pratiquer les techniques que vous jugez efficaces. Si l'une d'elles ne donne aucun résultat, réfléchissez à la **stratégie** que vous aviez choisie pour ce facteur de stress. Il est possible que vous ayez besoin de plus de temps. N'oubliez pas, par exemple, que pour parvenir à modifier un comportement de type A, les exercices imposés doivent être poursuivis pendant au moins huit semaines. De même, les techniques de relaxation actives requièrent au moins six semaines de pratique pour commencer à porter leurs fruits. Vous devez donc donner aux techniques choisies le temps de montrer leur efficacité.

Cela étant dit, si une technique ne vous convient pas, reprenez le facteur de stress concerné et réfléchissez pour élaborer une **nouvelle stratégie**. Quelles techniques avez-vous l'intention de poursuivre pour chacun des trois facteurs de stress ? Voulez-vous en ajouter de nouvelles ? Il est possible que votre nouveau **PGPS** comporte plus ou moins les mêmes informations que le plan de gestion personnelle du début (voir figure 27). Conservez soigneusement tous les tableaux afin de pouvoir faire régulièrement le point.

- Nouveau plan de gestion personnelle pour le facteur de stress n° 1 : ....
....
....
- Nouveau plan de gestion personnelle pour le facteur de stress n° 2 : ....
....
....
- Nouveau plan de gestion personnelle pour le facteur de stress n° 3 : ....
....
....

Date du prochain bilan : J Date :

figure 29 nouveau PGPS : J Date :

Lorsque vous serez satisfait de ce nouveau **PGPS**, pratiquez pour chacun des trois facteurs de stress **toutes** les techniques (les anciennes comme les nouvelles). Faites cela jusqu'à votre prochain bilan, à J 28.

Jour J 28 : bilan et réactualisation de votre plan de gestion personnelle du stress

Faites à **J** 28 le bilan de votre nouveau **PGPS**, que vous aviez révisé à J 14 (voir figure 29). Interrogez-vous sur la pertinence des techniques employées jusque-là.

Notez sur une photocopie vierge de la figure 28 *tout* ce qui a été efficace, ou inefficace, pour atténuer chacun des trois facteurs de stress.

Relisez ce que vous venez d'écrire et reconsidérez toutes les techniques. Continuez de pratiquer celles qui vous semblent agir. Si une ou plusieurs techniques ne vous conviennent pas, reprenez le facteur de stress concerné et réfléchissez pour élaborer une **nouvelle stratégie**. Vous avez peut-être besoin de reconsidérer le choix des techniques, d'en trouver de nouvelles. Vous trouverez en annexe des pistes pour explorer d'autres techniques.

Si une technique ne vous convient vraiment pas, reprenez le facteur de stress concerné et réfléchissez à la manière de remanier votre **PGPS**. Notez sur une photocopie vierge de nouveau PGPS (figure 29) comment poursuivre avec un **PGPS** réactualisé. Quelle(s) techniques(s) allez-vous pratiquer pour chacun des trois facteurs de stress ?

Lorsque vous serez satisfait de ce **PGPS** réactualisé, pratiquez les techniques retenues (celles que vous conservez et les nouvelles) jusqu'à votre prochain bilan, à **J 42**. À nouveau, reconsidérez le bien-fondé des différentes techniques et modifiez, si besoin est, votre **PGPS**.

Faites le point toutes les deux semaines, comme indiqué dans le journal de bord du **PGPS**, en vous aidant de photocopies vierges des figures 28 et 29.

Jour J 84 : nouveau bilan

À quel point votre **PGPS** a-t-il été efficace ? À présent que vous avez pratiqué les techniques qui vous permettaient d'atténuer vos trois principaux facteurs de stress, vous allez pouvoir réévaluer vos manifestations et vos symptômes, votre comportement de type A, votre éventuelle addiction au travail, votre stress au travail et vos capacités à faire face. Cela vous permettra également de reconsidérer les événements de votre vie (bien qu'en si peu de temps il est probable qu'il y ait peu de changements). Répondez à nouveau à tous les questionnaires d'auto-évaluation.

RÉÉVALUATION DES MANIFESTATIONS ET DES SYMPTÔMES

Cochez la case correspondant le mieux à votre comportement.

Au cours du mois passé...	(a) presque jamais	(b) parfois	(c) souvent	(d) presque toujours
1. Vous êtes-vous facilement énervé à cause d'événements insignifiants ou de certaines personnes ?	☐	☐	☐	☐
2. Vous êtes-vous montré impatient ?	☐	☐	☐	☐
3. Vous êtes-vous senti incapable de faire face ?	☐	☐	☐	☐
4. Avez-vous eu le sentiment d'être un raté ?	☐	☐	☐	☐
5. Avez-vous eu du mal à prendre des décisions ?	☐	☐	☐	☐
6. Avez-vous éprouvé peu d'intérêt pour les contacts sociaux ?	☐	☐	☐	☐
7. Avez-vous éprouvé le sentiment que vous n'aviez personne à qui vous confier ou à qui parler de vos problèmes ?	☐	☐	☐	☐
8. Avez-vous eu des difficultés de concentration ?	☐	☐	☐	☐
9. Laissiez-vous du travail en plan avant de passer à autre chose ?	☐	☐	☐	☐
10. Vous êtes-vous senti abandonné de quelque façon que ce soit ?	☐	☐	☐	☐
11. Vouliez-vous faire trop de choses à la fois ?	☐	☐	☐	☐
12. Vous êtes-vous senti angoissé ou déprimé ?	☐	☐	☐	☐
13. Vous êtes-vous montré inhabituellement agressif ?	☐	☐	☐	☐
14. Vous êtes-vous senti blasé ?	☐	☐	☐	☐
15. Avez-vous plus fumé, bu ou mangé ?	☐	☐	☐	☐

16. Avez-vous modifié votre degré d'activité sexuelle ?	☐	☐	☐	☐
17. Avez-vous pleuré ou eu envie de pleurer ?	☐	☐	☐	☐
18. Vous êtes-vous senti plus fatigué que d'ordinaire ?	☐	☐	☐	☐
19. Avez-vous souffert des troubles suivants : douleurs cervicales ou dorsales, maux de tête, douleurs, spasmes musculaires et crampes, constipation, diarrhée, perte d'appétit, brûlures d'estomac, indigestion, nausées ?	☐	☐	☐	☐
20. Présentez-vous **au moins deux** des comportements suivants : je ronge mes ongles, je serre les poings, je tambourine des doigts, je grince des dents, je contracte les épaules, je bouge sans cesse un pied, j'ai du mal à m'endormir ou je me réveille la nuit ?	☐	☐	☐	☐
TOTAL		☐		

Notez votre score dans le tableau en page 195. Pour en savoir plus sur ce résultat, allez à la page 197.

RÉÉVALUATION DU PROFIL COMPORTEMENTAL DE TYPE A

Cochez la case correspondant à votre comportement.

	Jamais	Presque jamais	Parfois	Assez souvent	Presque toujours	Toujours
Arrivez-vous en retard à vos rendez-vous ?	☐	☐	☐	☐	☐	☐
Dans une situation de jeu, à la maison ou au bureau, vous battez-vous pour gagner ?	☐	☐	☐	☐	☐	☐
Dans les conversations, anticipez-vous ce que votre interlocuteur va dire (vous hochez la tête, interrompez, finissez les phrases) ?	☐	☐	☐	☐	☐	☐

Vous sentez-vous obligé de faire les choses dans la précipitation ?	☐	☐	☐	☐	☐	☐
Vous montrez-vous impatient dans les files d'attente ou les embouteillages ?	☐	☐	☐	☐	☐	☐
Essayez-vous de faire plusieurs choses à la fois tout en pensant à ce que vous allez faire ensuite ?	☐	☐	☐	☐	☐	☐
Trouvez-vous que vous êtes plutôt rapide lorsque vous mangez, marchez, parlez, conduisez ?	☐	☐	☐	☐	☐	☐
Vous emportez-vous facilement pour un rien ?	☐	☐	☐	☐	☐	☐
Lorsque vous faites une erreur, cela vous met-il en colère ?	☐	☐	☐	☐	☐	☐
Relevez-vous les erreurs des autres, les critiquez-vous ?	☐	☐	☐	☐	☐	☐
TOTAL			☐			

Notez votre score dans le tableau en page 195. Pour en savoir plus sur ce résultat, allez à la page 197.

RÉÉVALUATION DE VOTRE ATTITUDE FACE AU TRAVAIL – ÊTES-VOUS UN ACCRO DU BOULOT ?

	OUI	NON
Rapportez-vous du travail à la maison le soir ?	☐	☐
Réfléchissez-vous souvent à vos problèmes de travail à la maison ?	☐	☐
Travaillez-vous volontairement tard le soir ?	☐	☐
Vos soucis professionnels affectent-ils votre sommeil ?	☐	☐
Votre famille et vos amis se plaignent-ils de vous voir trop peu ?	☐	☐
Trouvez-vous difficile de vous détendre et d'oublier votre travail ?	☐	☐

Trouvez-vous difficile de dire « non » au travail ?	☐	☐
Trouvez-vous difficile de déléguer certaines tâches ?	☐	☐
L'estime que vous avez de vous dépend-elle en majeure partie du travail ?	☐	☐
RÉSULTAT	☐	☐

Notez votre score dans le tableau en page 195. Pour en savoir plus sur ce résultat, allez à la page 198.

RÉÉVALUATION DU STRESS AU TRAVAIL

Donnez une note à chaque aspect de votre travail en fonction du mauvais stress que vous ressentez. Faites le total des points dans la dernière case, puis reportez-vous à la page 199 pour analyser votre score. Notez votre score dans le tableau en page 195.

BARÈME

0 = aucun stress

1 = légèrement stressant

2 = assez stressant

3 = très stressant

4 = extrêmement stressant

Aspect de votre travail	Nb de points
Conditions physiques d'exercice (aération des locaux, bruit, éclairage, chaleur, etc.)	☐
Liberté de choisir votre travail	☐
Liberté de poursuivre votre travail comme bon vous semble	☐
Collègues	☐
Reconnaissance de la qualité de votre travail	☐
Nombre de supérieurs hiérarchiques	☐
Votre supérieur hiérarchique direct	☐
Vos responsabilités	☐
Rémunération	☐

Possibilité d'utiliser vos compétences	☐
Relations syndicales	☐
Chances de promotion	☐
Gestion de l'entreprise/du service	☐
Reconnaissance de vos suggestions	☐
Horaires et nombre d'heures de travail	☐
Diversité des tâches	☐
Sécurité de l'emploi	☐
Autres aspects	☐
TOTAL	☐

RÉÉVALUATION DES ÉVÉNEMENTS DE LA VIE

Cochez les événements survenus dans votre vie au cours des douze derniers mois, puis reportez dans les cases correspondantes les scores indiqués à la page 199. Faites le total et inscrivez-le au bas du tableau ainsi que dans la case correspondante en page 195.

	Cochez	Nb de points		Cochez	Nb de points
Décès du conjoint(e)	☐	☐	Départ d'un enfant	☐	☐
Divorce	☐	☐	Problème avec la belle-famille	☐	☐
Séparation d'avec votre partenaire	☐	☐	Réussite personnelle exceptionnelle	☐	☐
Séjour en prison	☐	☐	Début ou fin d'un contrat de travail pour votre partenaire	☐	☐
Décès d'un membre de la famille proche	☐	☐	Début ou fin de la scolarité pour un enfant	☐	☐
Accident ou maladie	☐	☐	Modifications des conditions de vie	☐	☐
Votre mariage	☐	☐	Modifications des habitudes personnelles	☐	☐

Avertissement ou mésentente au travail	☐	☐
Réconciliation conjugale	☐	☐
Mise à la retraite	☐	☐
Problème de santé dans la famille	☐	☐
Grossesse	☐	☐
Troubles sexuels	☐	☐
Arrivée d'un nouveau membre dans la famille	☐	☐
Changements importants au travail ou dans les affaires	☐	☐
Modification de votre situation financière	☐	☐
Décès d'un ami	☐	☐
Nouvel emploi ou nouveau poste	☐	☐
Accumulation des disputes conjugales	☐	☐
Souscription d'un gros crédit	☐	☐
Saisie de biens/ surendettement	☐	☐
Changements de responsabilités au travail	☐	☐
Problème avec votre supérieur ou votre employeur	☐	☐
Modification des horaires et des conditions de travail	☐	☐
Déménagement	☐	☐
Changement d'école pour l'un de vos enfants	☐	☐
Modification des loisirs	☐	☐
Modification des activités spirituelles/ religieuses	☐	☐
Modification de la vie sociale	☐	☐
Souscription d'un petit crédit	☐	☐
Modification des habitudes de sommeil ou de repos	☐	☐
Changement du nombre de réunions familiales	☐	☐
Modification des habitudes alimentaires	☐	☐
Vacances	☐	☐
Noël (approche des fêtes de fin d'année)	☐	☐
Infractions mineures	☐	☐
TOTAL		☐

Échelle adaptée de l'article « The Social Reajustment Rating Scale » par Holmes et Rahe, paru dans le *Journal of Psychosomatic Research*, 1967, vol. 11.

RÉÉVALUATION DES CAPACITÉS À FAIRE FACE

Cochez la case OUI ou NON.

	OUI	NON
1. Êtes-vous entouré d'une famille ou d'amis qui vous soutiennent ?	☐	☐
2. Avez-vous des loisirs ?	☐	☐
3. Faites-vous partie d'un club ou d'un groupe d'activités ?	☐	☐
4. Faites-vous régulièrement de la relaxation (méditation, visualisation, entraînement à l'autosuggestion, etc.) ?	☐	☐
5. Faites-vous au moins 20 minutes d'exercice trois fois par semaine ?	☐	☐
6. Faites-vous quelque chose pour vous-même chaque semaine ?	☐	☐
7. Disposez-vous d'un endroit où vous isoler complètement ?	☐	☐
8. Participez-vous à des cours de gestion de stress, de relaxation, de gestion du temps ou de développement personnel ?	☐	☐
9. Présentez-vous des comportements de type B ?	☐	☐
10. Fumez-vous ?	☐	☐
11. Buvez-vous de l'alcool pour vous détendre ?	☐	☐
12. Prenez-vous des somnifères ?	☐	☐
13. Rapportez-vous du travail à la maison ?	☐	☐
14. Buvez-vous plus de huit tasses de boissons caféinées par jour (café, thé, Coca-Cola, chocolat…) ?	☐	☐
15. Présentez-vous des comportements de type A ?	☐	☐
TOTAL	☐	☐

Notez votre score dans le tableau en page 195. Pour compter vos points et en savoir plus sur ce résultat, allez à la page 200.

Évaluation de vos progrès à J 84

Comparez votre score à J 84 avec votre score initial.

RÉSUMÉ DU BILAN DE RÉÉVALUATION	**DATE :**	
	Score initial	**Score à J 84**
Manifestations et symptômes (p. 58 et 188)	☐	☐
Profil comportemental de type A (p. 83 et 189)	☐	☐
Attitude face au travail (p. 89 et 190)	☐	☐
Événements de la vie (p. 92 et 192)	☐	☐
Stress au travail (p. 95 et 191)	☐	☐
Capacités à faire face (p. 108 et 194)	☐	☐

À quel point votre PGPS a-t-il été efficace ?

Vérifiez vos progrès.

Score à J 84 inférieur pour :	**Score à J 84 supérieur pour :**	
• Manifestations et symptômes • Profil comportemental de type A • Attitude face au travail • Événements de la vie • Stress au travail	• Capacités à faire face	**PGPS efficace**

Il semble que vous ayez trouvé comment être moins stressé. Votre santé, votre efficacité et vos relations sont probablement meilleures. Continuez de pratiquer votre PGPS.

Score à J 84 inchangé ou supérieur pour :	Score à J 84 inchangé ou inférieur pour :	
• Manifestations et symptômes • Profil comportemental de type A • Attitude face au travail • Événements de la vie • Stress au travail	• Capacités à faire face	**PGPS inefficace**

Il semble que vous continuiez de mal gérer les sollicitations et la pression, ce qui peut causer du tort à votre santé, votre efficacité et vos relations. Nous vous suggérons de revenir en arrière et de reconsidérer votre PGPS. Vous avez peut-être intérêt à trouver une personne qui vous soutiendra dans votre démarche.

À J 85, commencez un nouveau PGPS en vous occupant d'atténuer trois autres facteurs de stress. Répétez ce programme tant que vous ne serez pas venu à bout de tous les facteurs de stress.

Vérifiez de temps à autre votre score pour la liste des événements de la vie et le stress au travail. N'oubliez pas que si votre score augmente pour les événements de la vie, cela signifie que vous êtes plus stressé, physiquement et psychiquement. Vous aurez alors besoin de réfléchir pour trouver le moyen d'améliorer vos capacités à faire face à tous les aléas de la vie. Surveiller votre niveau de stress au travail vous apportera une autre indication de sollicitations supplémentaires qu'il convient d'apprendre à gérer.

Et pour conclure...

Ce plan de gestion personnelle du stress a, entre autres objectifs, celui de vous aider à voir dans votre vie des facteurs de stress que vous n'auriez pas forcément décelés. Malheureusement, la plupart des sources de stress résultent de notre interaction avec d'autres personnes, or, dans ce livre, nous ne pouvons pas proposer des solutions taillées sur mesure. Chacun doit concevoir son propre PGPS en fonction de sa situation personnelle. Nous vous souhaitons de réussir à surmonter au mieux le stress.

Manifestations et symptômes

SCORE

Pour obtenir votre score, additionnez les points obtenus pour chaque réponse.

Questions 1, 5, 7, 8, 14, 16, 17 et 18

Nombre de points : d = 6 c = 4 b = 2 a = 0

Questions 2, 6, 9, 10, 11, 15, 19 et 20

Nombre de points : d = 3 c = 2 b = 1 a = 0

Questions 3, 4, 12 et 13

Nombre de points : d = 30 c = 20 b = 10 a = 0

ÉVALUATION

Si votre score est supérieur à 30, vous êtes probablement stressé. Le maximum de points possible est 192. Plus vous êtes près de ce chiffre et plus votre stress est important. Un score supérieur à 60 est préoccupant et indique que vous devriez en parler à votre médecin traitant.

Profil comportemental de type A

NOMBRE DE POINTS

Toujours : 5

Presque toujours : 4

Assez souvent : 3

Parfois : 2

Presque jamais : 1

Jamais : 0

Pour obtenir votre score, additionnez les points obtenus et multipliez par 2.

ÉVALUATION

Type B	0 à 39	Vous êtes légèrement et/ou rarement impatient et exaspéré. Il est rare que vous vous stressiez inutilement et votre santé est probablement bonne.

Type A léger	40 à 59	Vous êtes assez et/ou occasionnellement impatient et exaspéré. Il arrive que vous vous stressiez inutilement et votre santé en est peut-être affectée.
Type A modéré	60 à 79	Vous êtes très et/ou souvent impatient et exaspéré. Vous vous stressez inutilement, ce qui affecte votre santé.
Type A extrême	80 à 100	Vous êtes extrêmement et/ou généralement impatient et exaspéré. Vous êtes beaucoup trop stressé et cela nuit à votre santé.

Remarque : ce test d'auto-évaluation vise à déterminer si vous avez un profil comportemental de type A. Pour qu'il soit fiable, il faut que vous répondiez en toute honnêteté aux questions. Par ailleurs, un individu de type A est souvent inconscient de son comportement – par exemple agir dans la précipitation. Il est donc possible que vous soyez incapable de reconnaître votre précipitation.

Attitude face au travail – Êtes-vous un accro du boulot ?

Votre score est égal au nombre total de « oui ».

SCORE ET ÉVALUATION

- **Si vous avez répondu « oui » à une seule question**

Cela signifie peut-être que vous êtes tout simplement consciencieux. Toutefois, il existe une ligne de démarcation ténue entre la conscience professionnelle et l'obsession (addiction au travail). Soyez donc sur vos gardes !

- **Si vous avez répondu « oui » à deux questions**

Votre attitude face au travail est de type obsessionnel. Faites attention, car l'addiction vous guette !

- **Si vous avez répondu « oui » à plus de deux questions**

Votre attitude face au travail est de type obsessionnel compulsif. Plus votre score est important et plus vous êtes pris au piège de l'addiction. Vous devez revoir vos priorités dans l'intérêt de votre vie affective et sociale, de votre santé et de votre carrière (même si vous pouvez avoir du mal à croire que vos efforts désespérés risquent de nuire à votre carrière).

Le stress au travail

SCORE

- **Inférieur à 21 :** votre métier ne semble pas vous causer trop de stress.
- **Compris entre 21 et 40 :** votre métier semble être la cause d'un peu de stress.
- **Compris entre 41 et 60 :** votre métier semble être la cause de beaucoup de stress.
- **Supérieur à 60 :** votre métier est une source majeure de stress.

Événements de la vie

NOMBRE DE POINTS

Décès du conjoint(e)	100	Départ d'un enfant	29
Divorce	73	Problème avec la belle-famille	29
Séparation d'avec votre partenaire	65	Réussite personnelle exceptionnelle	28
Séjour en prison	63	Début ou fin d'un contrat de travail pour votre partenaire	26
Décès d'un membre de la famille proche	63	Début ou fin de la scolarité pour un enfant	26
Accident ou maladie	53	Modifications des conditions de vie	25
Votre mariage	50	Modifications des habitudes personnelles	24
Avertissement ou mésentente au travail	47	Problème avec votre supérieur ou votre employeur	23
Réconciliation conjugale	45	Modification des horaires et conditions de travail	20
Mise à la retraite	45	Déménagement	20
Problème de santé dans la famille	44	Changement d'école pour l'un de vos enfants	20
Grossesse	40	Modification des loisirs	19
Troubles sexuels	39	Modification des activités spirituelles/religieuses	19

Arrivée d'un nouveau membre dans la famille	39	Modification de la vie sociale	18
Changements importants au travail ou dans les affaires	39	Souscription d'un petit crédit	17
Modification de votre situation financière	38	Modification des habitudes de sommeil ou de repos	16
Décès d'un ami	37	Changement du nombre de réunions familiales	15
Nouvel emploi ou nouveau poste	36	Modification des habitudes alimentaires	15
Accumulation des disputes conjugales	35	Vacances	13
Souscription d'un gros crédit	31	Noël (approche des fêtes de fin d'année)	12
Saisie de biens/ surendettement	30	Infractions mineures	11
Changements de responsabilités au travail	29		

ÉVALUATION

Votre risque de tomber malade ces deux prochaines années est supérieur à 80 % si votre score est supérieur à 300, de 50 % si votre score est compris entre 150 et 299, et de 30 % si votre score est compris entre 140 et 149. Un score inférieur à 100 indique une absence de modification du risque.

Capacités à faire face

SCORE

		Nombre de points
1	oui	+ 20 points
2	oui	+ 10 points
3	oui	+ 5 points (10 si vous y allez plus d'une fois par mois)
4	oui	+ 15 points
5	oui	+ 10 points
6	oui	+ 10 points
7	oui	+ 10 points

8	oui	+ 10 points par cours
9	oui	+ 15 points
Sous-total (total du nombre de points pour les bonnes stratégies) :		
10	oui	– 10 points pour chaque paquet de cigarettes fumé par jour
11	oui	– 10 points par tranche de huit unités d'alcool bues par semaine au-delà des limites recommandées
12	oui	– 10 points
13	oui	– 5 points par soirée de la semaine où vous rapportez du travail chez vous
14	oui	– 5 points par tranche de 5 tasses bues au-delà de 8 tasses par jour
15	oui	reprenez votre score pour le profil comportemental de type A; notez – 5 points si votre score est compris entre 40 et 60, – 10 points s'il est compris entre 60 et 70, et – 15 points s'il est supérieur à 70
Sous-total (total du nombre de points pour les mauvaises stratégies) :		
Total (nombre de points pour les bonnes stratégies – nombre de points pour les mauvaises stratégies) :		

ÉVALUATION

Un score positif indique que vos capacités à faire face sont bonnes. Plus votre score est important et plus vous êtes capable de gérer les sollicitations et les pressions auxquelles vous êtes confronté.

Un score négatif indique que vos capacités à faire face sont mauvaises. Plus votre score négatif est important et moins vous êtes capable de gérer les sollicitations et les pressions auxquelles vous êtes confronté.

Vous découvrirez dans cette annexe :
- des techniques qui modifient la réponse au stress;
- comment elles marchent;
- quels sont les bienfaits de chacune.

Nous avons vu au chapitre 3 (voir figure 8) que l'activation de la réponse au stress est, en fait, conditionnée par la manière dont le stress affecte les différents organes du corps. Il en découle que les techniques de gestion du stress, qui rééquilibrent le taux de cortisol (voir la figure 11, chapitre 3), sont bénéfiques car elles ramènent les organes vers la zone normale du stress. De telles techniques existent-elles vraiment ? Si c'est le cas, cela signifie que nous disposons d'une base objective qui permet de surveiller et d'évaluer l'efficacité d'une pratique antistress.

Nous comprenons de mieux en mieux comment agissent certaines techniques de gestion du stress. Nous vous en présentons ici quelques-unes dont on a, objectivement, plus de preuves de leur efficacité. Vous pourrez trouver utile de les intégrer à votre pratique quotidienne.

La thérapie comportementale et cognitive (TCC)

Il s'agit d'une méthode de traitement reposant sur le déconditionnement et l'apprentissage afin de restaurer une bonne adéquation entre système de pensée, émotions et comportement face à une situation donnée – stressante dans le cas présent.

Tout est parti des travaux d'Albert Ellis, dans les années 1950, sur la thérapie émotivo-rationnelle. D'après ce psychologue américain, les pensées irrationnelles et autodestructrices sont liées à des problèmes émotionnels pouvant être corrigés si on les remplace par des pensées plus rationnelles.

Dans les années 1960 et 1970, Aaron Beck développa ce qu'il appelait une thérapie cognitive, devenue célèbre pour son efficacité à traiter la dépression. Selon ce psychanalyste, les pensées négatives résultent de systèmes de valeurs acquis, dès l'enfance, à partir d'expériences à l'origine d'une mauvaise image de soi. Cette perception de soi-même étant biaisée par la probabilité d'autres pensées négatives induit des schémas dévalorisants, d'où des distorsions cognitives de la réalité et des troubles de l'humeur et du comportement.

De nos jours, la thérapie comportementale et cognitive est devenue le traitement de prédilection de bien des personnes qui recherchent une psychothérapie de courte durée. Lors de séances régulières, le sujet aidé d'un thérapeute est amené à identifier ses pensées et ses croyances négatives à l'origine de son comportement et gagne peu à peu en compréhension. Cette thérapie amène à modifier son comportement, de manière souvent permanente, ce qui améliore l'affirmation de soi, la gestion des conflits et de l'anxiété, les compétences relationnelles, le sens de l'humour, l'aptitude à se détendre et à résoudre les problèmes. Afin d'aboutir à de tels résultats, la personne doit être décidée à changer et s'impliquer pour modifier ses schémas mentaux et comportementaux. Une thérapie réussie permet d'apprendre à activer une réponse au stress adaptée et de rester dans la zone normale de l'équilibre du stress.

La programmation neurolinguistique (PNL)

Il s'agit d'une méthode de déprogrammation du conditionnement (« neuro » car cela s'inscrit dans le cerveau, et « linguistique » car chacun s'exprime selon le conditionnement intérieur qu'il a, et qu'il peut modifier).

La programmation neurolinguistique est apparue dans les années 1970 suite aux travaux de John Grinder et de Richard Bandler. Tous deux cherchaient un modèle du fonctionnement du psychisme humain pour améliorer la communication (la structure du langage) et le comportement.

Ils ont commencé à proposer des formations visant à améliorer, notamment, l'entente au sein d'une équipe de travail, le marketing et le leadership. Étant donné que cette méthode est pragmatique, elle est également efficace pour aider un individu à utiliser ses possibilités laissées en jachère afin, par exemple, de mieux gérer le stress.

La PNL vise en effet à travailler sur l'ensemble de nos automatismes tant cognitifs qu'émotionnels et comportementaux. Il s'agit de reconsidérer ses présupposés, ses valeurs et ses processus internes pour, en modifiant sa perception de son environnement, expérimenter afin de créer un modèle plus efficace. Le but est de gagner en liberté.

Pour aller plus loin, vous pouvez consulter le site sur la gestion du stress : www.jecommunique.com/stress-gestion-du-stress.htm.

L'hypnose

Cette thérapie qui apprend à modifier des réponses inadaptées pour parvenir à d'autres, plus équilibrées, prétend guérir n'importe quel problème. Elle est utilisée pour traiter notamment l'anxiété, les addictions, les phobies et la douleur. Des chercheurs se sont récemment penchés sur deux applications : le soulagement de la colopathie fonctionnelle et de la douleur, par exemple lors d'une intervention chirurgicale sans recourir à une anesthésie locale voire générale. Selon des études, l'hypnose induit un état de relaxation profonde, ce qui diminue la sécrétion de cortisol et améliore les défenses immunitaires.

L'hypnose plongerait un individu dans un état proche de la transe. C'est, pour certains, un état de modification de la conscience. L'attention est entièrement focalisée sur les pensées et les émotions internes, et la personne n'a plus conscience de ce qui se passe dans son environnement immédiat. On parvient peu à peu à cet état, en trente minutes environ, grâce à un hypnothérapeute formé qui induit dans un premier temps un état de relaxation profonde en utilisant des paroles adaptées. Dans un second temps, alors que la personne est plongée dans un état réceptif, le thérapeute répète une série de suggestions verbales. Le type de suggestions dépend du problème à traiter ainsi que de la formation et des préférences de l'hypnothérapeute. Il n'existe pas de procédure standard.

Parfois, une séance suffit, mais plusieurs sont généralement nécessaires pour diminuer chez le patient la survenue de pensées négatives ou indésirables ou pour modifier un comportement handicapant en s'adaptant à ses besoins profonds.

La musicothérapie

Des sons en rythme produisent une activité cérébrale qui procure un état d'apaisement et de détente physique. Depuis des siècles, on utilise les effets de la psalmodie chantée, des tambours rituels et autres musiques rythmiques sur le psychisme humain. Aujourd'hui, des neuroscientifiques explorent le pouvoir de la musique sur l'activité cérébrale et sa capacité à influencer le cours d'une maladie et à traiter un trouble mental. Un nouveau champ d'étude est apparu : la musicothérapie. Nous pouvons exploiter le pouvoir de la musique pour gérer le stress.

La plupart d'entre nous ont déjà fait l'expérience de la capacité de la musique à modifier nos pensées et à provoquer nos émotions. Une musique de film crée une atmosphère d'excitation, de tension, d'horreur, de danger, de sérénité ou de romantisme. Au moment du coucher, une berceuse aide un enfant à s'endormir. Une musique lente, mélodieuse, répétitive et douce apaise tandis qu'un morceau bruyant de heavy metal peut réveiller et exciter. Des études ont montré qu'un rythme lent induit des ondes alpha et thêta, associées à un sentiment de calme. Les ondes alpha se propagent à la vitesse de 7 à 13 hertz ou cycles par seconde. Elles sont produites par le cerveau juste avant l'endormissement. Les ondes thêta, qui ont une fréquence de 4 à 6 hertz ou cycles par seconde, correspondent à un état de relaxation profonde ou de méditation ou encore de rêvasserie. Des chercheurs ont montré que les musiques qui induisent la production d'ondes alpha et thêta peuvent diminuer la tension artérielle, la fréquence cardiaque, les tensions musculaires et le taux de cortisol, et améliorer les défenses immunitaires.

Le choix d'un type de musique pour un effet thérapeutique ou un apaisement est fonction des goûts de chaque individu. Ce qui plaît et fonctionne chez une personne ne marchera pas forcément chez une autre. Le plus important est d'aimer ce que l'on écoute (une mélodie familière est souvent ce qu'il y a de plus efficace). Les musiques proposées pour la relaxation sont généralement lentes et rythmées : air de flûte, musique celtique, amérindienne, baroque, classique, new age, raga, psalmodie, air de jazz ou de harpe lent ainsi que tous les bruits de la nature (chants d'oiseaux, bruit du vent dans les arbres, des vagues, d'une chute d'eau, etc.). En voici quelques exemples :

- *Saku*, de Susumu Yokota ;
- *Nocturnes*, de Chopin ;
- *Petite musique de nuit*, *Divertimento n° 2 en* ré *majeur* et le deuxième mouvement de la *Sonate pour deux pianos en* ré *majeur*, de Mozart ;
- *Canon en* ré, de Pachelbel ;
- *The Rose*, d'Aoi Teshima ;
- *By this River*, de Brian Eno ;
- *Pie Jesu*, de John Rutter ;
- *Albatross*, de Fleetwood Mac ;
- *Bridge over Troubled Water*, de Simon and Garfunkel ;
- *Concerto pour piano n° 1*, de Tchaïkovski ;
- *Romances*, de Dvorak ;
- *Berceuses*, de Brahms.

On peut aussi s'aider de la musique pour accroître la détente. Par exemple, écouter un air apaisant que l'on aime tout en prenant un bain dans l'eau duquel on aura dilué un peu d'huiles essentielles.

Pour aller plus loin, vous pouvez lire *Musicophilia, la musique, le cerveau et nous* d'Oliver Sachs paru aux éditions du Seuil et consulter le site dédié à cet ouvrage : www.musicophilia.fr.

L'aromathérapie

Le terme « aromathérapie » a été créé dans les années 1920 par le chimiste français René-Maurice Gattefossé qui découvrit les propriétés curatives des huiles essentielles.

Les huiles essentielles (HE) sont obtenues par distillation, à la vapeur d'eau, des principes aromatiques volatils des plantes (fleurs, feuilles, fruits, graines, écorce, racines, etc.), par solution dans un corps gras (pour l'HE de millepertuis) ou par pression à froid (pour les agrumes). Une fois inhalées, ces substances passent directement dans la circulation sanguine et, de là, dans le système nerveux. Elles agissent sur le système limbique (le cerveau émotionnel), ce qui explique leur effet sur le comportement instinctif et les émotions. Certaines huiles essentielles sont apaisantes et d'autres sont stimulantes.

Les huiles essentielles s'utilisent diluées dans un bain, en inhalation, sur des compresses, en usage interne ou par voie aérienne grâce à un diffuseur d'arômes. Les HE ne se mélangent pas à l'eau et il faut toujours les diluer au préalable dans une base (huile végétale, alcool, base lavante) avant de les appliquer sur la peau en vue d'un massage thérapeutique. Les HE amélioreraient l'humeur, le sommeil, la circulation sanguine, la digestion et la diurèse. Elles auraient en outre des effets antibiotiques, antifongiques, anti-inflammatoires et analgésiques. Leur action serait tant pharmacologique que psychobiologique.

Les effets pharmacologiques seraient dus aux propriétés moléculaires des composants spécifiques, par exemple le linalol dans l'HE de lavande. En franchissant la barrière sang-cerveau, le linalol inhiberait l'action de certains neuromédiateurs au niveau des synapses et agirait donc comme un sédatif (il bloquerait localement les canaux ioniques de la membrane des neurones). Les effets anti-inflammatoires résultent de l'action du linalol sur des protéines de la membrane cellulaire des mastocytes (des cellules du système immunitaire), en partie responsables de l'inflammation.

Les effets psychobiologiques dépendraient de notre perception de l'odeur de l'HE (plus ou moins concentrée) et de l'association qu'elle suscite. Il est prouvé qu'une concentration relativement importante de la plupart des odeurs est considérée comme déplaisante et peut nuire à l'efficacité, tandis qu'une concentration faible est perçue comme agréable et améliore les performances. En outre, associer une odeur à un événement ou un objet peut affecter la réaction (association négative ou positive). Une odeur doit être plaisante si l'on veut qu'elle agisse via le système émotionnel de chaque individu. C'est un aspect qu'il faudrait toujours vérifier en étudiant les effets olfactifs sur le comportement.

Les HE ont indéniablement des effets psychobiologiques et pharmacologiques. Il faut cependant veiller à respecter leur mode d'utilisation. N'achetez que des produits purs, de qualité, sans dépasser la dose autorisée et, si possible, adressez-vous à un aromathérapeute reconnu.

La nutrithérapie orthomoléculaire

La nutrithérapie orthomoléculaire se propose de soigner en ayant recours à un apport optimal de substances naturellement connues de l'organisme. Le terme « orthomoléculaire » signifie « molécule correcte » au sens « qui n'est pas étrangère au corps humain, qui est biologiquement correcte ».

Il existe une controverse sur l'utilisation, à dose parfois massive, de vitamine C, qui serait une substance hautement anticancéreuse, en agissant comme un antioxydant, et aurait en outre des propriétés anti-inflammatoires.

C'est le double prix Nobel Linus Pauling qui découvrit dans les années 1960 les propriétés curatives de la vitamine C. Elle produirait du peroxyde d'hydrogène (eau oxygénée), un radical libre très oxydant que les cellules cancéreuses ne savent pas neutraliser, contrairement aux cellules saines, et qui finit par les tuer. Des essais cliniques sont actuellement en cours pour étudier, chez des patients humains, l'innocuité et la tolérance de la vitamine C lors d'un traitement anticancéreux.

Le cancer est la multiplication, anormale et très rapide, de cellules tumorales. Les antioxydants peuvent prévenir la formation de tumeurs en inhibant la division cellulaire. La tumeur cesse alors de se développer. La division et la mort des cellules sont contrôlées, en partie, par l'équilibre entre les oxydants (agents réducteurs) et les oxydants (agents oxydants) – d'où le terme « redox » que l'on rencontre parfois à ce sujet.

Si l'on s'est, au départ, focalisé sur le lien entre alimentation et cancer, des découvertes ont montré les bienfaits d'une alimentation adaptée à la gestion du stress. Des carences en acide folique (vitamine B9), en vitamines B6, B12, B3, C et E ainsi qu'en fer et en zinc provoqueraient des dommages à l'ADN cellulaire et diminueraient les capacités à faire face au stress. C'est particulièrement vrai pour les vitamines et les sels minéraux anti-oxydants. Une alimentation équilibrée est donc essentielle à la santé des cellules du corps. Des chercheurs ont rétorqué que les cellules n'ont pas uniquement besoin de vitamine C. D'autres nutriments sont effectivement nécessaires pour prévenir des problèmes de santé : vitamines autres que la vitamine C, sels minéraux, acides aminés, acides gras, phytonutriments et oxygène.

Vous trouverez ci-dessous ce dont le corps a impérativement besoin pour mieux gérer le stress. Ces informations sont publiées avec l'aimable autorisation des Dr Steven Hickey et Hillary Roberts.

Une alimentation équilibrée entre dans le cadre d'une prévention anticancer. Limiter les glucides et manger beaucoup de légumes est particulièrement bénéfique. Une supplémentation d'antioxydants permet en outre de limiter le risque de cancer :

- vitamine C (sous forme d'acide L-ascorbique), 0,5 g ou plus cinq ou six fois par jour ;
- acide R-alpha-lipoïque, 50 à 100 mg deux fois par jour ;
- vitamine D3, 100 UI par jour ;
- sélénium, 200 g par jour ;
- magnésium (sous forme de citrate de magnésium ou de magnésium chélaté, mieux métabolisé), 200 à 400 mg par jour ;
- vitamine E, 400 UI par jour, de préférence riche en tocophérols et en tocotriénols naturels ;
- un complexe minéro-vitaminé apportant les vitamines et les sels minéraux nécessaires.

Il faut par ailleurs réduire le plus possible le sucre (boire le thé ou le café sans sucre et limiter les pâtisseries, les gâteaux secs et les viennoiseries), restreindre les apports en glucides et privilégier les légumes colorés, riches en antioxydants.

Pour aller plus loin, vous pouvez vous renseigner auprès de l'Association pour le développement de la nutrition orthomoléculaire (ADNO) (site : www.adno-association.org) et lire de son président, le Dr Dominique Rueff, *La Bible des vitamines et des suppléments nutritionnels*, parue chez Albin Michel, 2004, et *L'Immuno-nutrition, se nourrir selon son immunité*, paru chez François-Xavier de Guibert.

Ouvrages

Arnaud, Margot, *Trop stressé ?*, De La Martinière Jeunesse, coll. « Hydrogène », 2006

Brunel, Henri, *La Relaxation pour tous*, Librio, 2004

Chavaux, Patrick, *La Nutrithérapie de A à Z*, Marabout, 2003

Coudron, Lionel, *Pratiquez la relaxation au quotidien*, Ellébore, 1998

Curtay, Jean-Paul et Lyon, Josette, *Encyclopédie pratique des vitamines, des sels minéraux et des oligo-éléments*, Hachette, 2002

Debroise, Anne, *Les Mystères du cerveau. Connaître et soigner*, Larousse, coll. « Petite encyclopédie », 2005

Ferreri, Maurice et Légeron, Patrick, *Travail, stress et adaptation*, Elsevier, 2002

Fleiszman, Nadine, *No stress*, Dunod, 2002

Gloaguen, Daniel, *Stress contrôle*, Alpen Éditions, 2008

Grébots, Élisabeth, *Stress et burnout au travail : identifier, prévenir, guérir*, Eyrolles, coll. « Éditions d'organisation », 2008

Habersetzer, Gabrielle et Roland, *Encyclopédie des arts martiaux d'Extrême-Orient*, Amphora, 2004

Jourdan, Michel et Vigne, Jacques, *Marcher, méditer*, Albin Michel, coll. « Espaces libres », 1998

Mullens, Éric, *Apprendre à dormir*, Éditions Josette Lyon, 2005

Nogaret-Ehrhart Anne-Sophie, *La Phytothérapie, se soigner par les plantes*, Eyrolles, 2003

Pull, Henri, *Stress. Comment reconnaître et soigner vos 150 stress quotidiens*, Grancher, coll. « Le corps et l'esprit », 2004

Rafal, Serge, *En finir avec le stress*, Marabout, 2005

Rodet, Philippe, *Le Stress : nouvelles voies*, Éditions de Fallois, 2007

Scimeca, Daniel et Tétau, Max, *Votre santé par les huiles essentielles*, éditions Alpen, 2004

Scimeca, Daniel, *Plus jamais fatigué ! 8 programmes anti-fatigue pour celles et ceux qui se sentent à plat et stressés*, Alpen Éditions, 2005

Servan-Schreiber, David, *Guérir le stress, l'anxiété et la dépression sans médicaments ni psychanalyse*, Robert Laffont, 2003

Stora, Jean-Benjamin, *Le Stress*, PUF, coll. « Que sais-je ? », 2005

Villien, Florence, *La Respiration anti-stress*, Éditions Josette Lyon, 2009

Werner, Monika, *Les Huiles essentielles*, Vigot, 2002

Revues

Psychologies Magazine, rcvuc mensuelle

Santé et travail, revue trimestrielle, papier et électronique

Sites Internet

www.guerir.fr
Site du docteur David Servan-Schreiber

www.aftcc.org
Site de l'Association française de thérapie comportementale et cognitive

www.e-sommeil.com/site/adresses.php
Sur ce site, vous trouverez les coordonnées de la Fédération des pathologies du sommeil.

www.feldenkrais-france.org
Site de l'Association des praticiens de la méthode Feldenkrais

www.who.int/occupational_health/publications/stress/fr/index.html
Site de l'OMS où vous trouverez un document sur l'organisation du travail et le stress.

Quelques sites pour trouver un professeur de yoga

www.ify.fr
Site de l'Institut français de yoga

www.ff-hatha-yoga.com
Site de la Fédération française de hatha-yoga

www.federation-de-yoga.fr
Site de la Fédération française des écoles de yoga

www.lemondeduyoga.org/htm/fney
Site de la Fédération nationale des enseignants de yoga

www.fidhy.fr
Site de la Fédération inter-enseignements de hatha-yoga

www.kundalini.fr
Site de la Fédération française de kundalini yoga

www.yoga-iyengar.asso.fr
Site de l'Association française de yoga Iyengar®

www.yoganet.fr
Le portail francophone du yoga

Dépôt légal : mars 2015
Imprimé en Italie par Rotolito Lombarda, Piotello
315893/01-11029790 - janvier 2015